竞聘演讲

脱颖而出

文若河 ◎ 主编　亓媛媛　张晓 ◎ 编

北京联合出版公司
Beijing United Publishing Co.,Ltd.

图书在版编目（CIP）数据

竞聘演讲脱颖而出 / 文若河主编；亓媛媛，张晓编. -- 北京：北京联合出版公司，2022.9
 ISBN 978-7-5596-6366-5

Ⅰ. ①竞… Ⅱ. ①文… ②亓… ③张… Ⅲ. ①招聘—演讲—语言艺术 Ⅳ. ①H019

中国版本图书馆CIP数据核字（2022）第126003号

Copyright © 2022 by Beijing United Publishing Co., Ltd.
All rights reserved.
本作品版权由北京联合出版有限责任公司所有

竞聘演讲脱颖而出

主　　编：文若河
编　　者：亓媛媛　张　晓
出 品 人：赵红仕
出版监制：高继书
选题策划：玉兔文化
责任编辑：孙志文
特约编辑：桂婧琦
封面设计：即刻设计
内文排版：聯合書莊

北京联合出版公司出版
（北京市西城区德外大街83号楼9层　100088）
北京联合天畅文化传播公司发行
北京美图印务有限公司印刷　新华书店经销
字数140千字　880毫米×1230毫米　1/32　6.5印张
2022年9月第1版　2022年9月第1次印刷
ISBN 978-7-5596-6366-5
定价：39.80元

版权所有，侵权必究
未经许可，不得以任何方式复制或抄袭本书部分或全部内容
本书若有质量问题，请与本公司图书销售中心联系调换。电话：（010）64258472-800

自 序

非常高兴《竞聘演讲脱颖而出》终于和大家见面了。感谢各位朋友对这本书出版所给予的关心和支持。我为什么要写这样一本书呢？这恐怕还要从竞聘的实质谈起。

在现实生活中，我们经常会碰到这样的情况，十几甚至几十个人同时参加竞聘演讲，那些口若悬河、侃侃而谈的人，获胜的概率相当高。而那些言辞乏味、演讲糟糕的人，多半难逃被淘汰的命运。所以，人们很自然地认为，演讲的好坏对竞聘的成败起着十分关键的作用。

可是，这仅仅是我们看到的表面现象。虽然作为一名长期从事演讲理论研究与培训的工作者，我在很多场合都会反复强调演讲的重要性，但是，有一句古话我也铭记在心，那就是："皮之不存，毛将焉附？"卓越的演讲只有依托于出色的工作能力，才能绽放华彩。竞聘不是"脱口秀"的赛场，而是实力和能力的"角斗场"！

既然竞聘最终比拼的是工作能力而不是演讲水平，我为什么还要花时间、花精力写这本书,指导大家进行竞聘演讲呢?因为,演讲力(演讲的能力)是所有职场人士必须具备的能力,大家要像会打字、会使用电脑一样会演讲。会演讲不应成为某一部分职场人士获胜的最后筹码,也不应该成为压垮某一部分职场人士的"最后一根稻草"。以一"讲"定乾坤的竞聘是不科学的,仅仅是由于演讲没有发挥好而落聘的现象更是不应该出现的。

我为什么要这么说呢?在这里我想做一个简单的类比。现在大家工作都离不开电脑,我们就用大家最熟悉的台式电脑来打比方。竞聘者的工作能力就好比是电脑的主机,你机器的硬件好不好、速度快不快、内存大不大,决定着你这台机器是不是好用。演讲水平是什么呢?演讲水平就如同电脑的显示器。如果显示器坏了,不出图像了,那你的机器性能再优越别人也感知不到。大家想想,这是不是挺让人"窝火"的事啊?实际上不光是竞聘者个人"窝火",对用人单位来说也是一种损失。很显然,一台电脑,如果显示器有问题,不能显示图像,那这台机器究竟是好是坏大家是无从判断的,大家既不能武断地说它一定不好,但也不能大包大揽地说它好,怎么办呢?暂时弃之不用吧,这样就有可能产生对人才"错杀""误杀"的现象,真正优秀的人才就有可能会被埋没。在我的演讲培训课上,我就经常听到学员这样说:"我的工作能力比竞争对手强,工作做的比他多,但不如他会表达,最终得不到升职,我冤呢!"

说到这里,大家应该理解了,我这本书实际上可以看作是"显示器的维修指南"。大家按照手册上提供的方法和步骤，慢慢地就可以把自己的"显示器"调整到最佳状态。也只有所有竞聘参加者的"显示器"都调整到了最佳状态，在这种状况下进行的竞聘才是最公正、最有意义的竞聘，才能保证最优秀的人才脱颖而出，这对个人来讲是成功，对用人单位来说则是天大的幸事。

那么，我们的"显示器"究竟好不好修复和保养呢？我认为还是比较容易的。因为，竞聘演讲虽然属于公众演讲的范畴，但毕竟只是公众演讲中一个小的分支，而且是一个特点非常明确和突出的分支。竞聘演讲说白了就是竞聘参与者在演讲台上介绍自己、展示自己，赢得信任和支持的过程。我是谁？我为什么能够胜任所竞聘的职务？我的工作规划是什么？无论竞聘演讲时语言怎样变化，这三大方面的内容是固定不变的。这就为我们的竞聘演讲提供了一个脉络，所以和其他演讲相比，竞聘演讲比较好掌握，只要把这三方面的内容谈清楚、谈明白，说到评委和听众的心坎上，那你就会越来越接近成功。当然在做好这些之前，大家还要解决一个最根本的问题——克服竞聘演讲时的紧张恐惧心理，以轻松、自信的状态出现在演讲台上。

在这本书中，对于以上问题，以及其他与竞聘演讲相关的一系列问题，我都给出了细致的分析和切实可行的操作方法。作为一名演讲教练，这么多年来，我辅导了太多太多的人通过竞聘演讲迎来了职业生涯的重大改变。

这本小册子是我近二十年来辅导竞聘演讲的经验所得。花一点时间翻开看一看，你就会发现——竞聘演讲原来很简单。我相信，在你翻开这本小册子的同时，你正为自己的职业生涯翻开崭新的一页。

衷心地祝福你!

文若河
2022 年元旦

目 录

绪　论　漫谈竞聘演讲　001

第一章　打造强大自信的心态　007
　　第1节　我的眼中没有你——转移注意法　008
　　第2节　家中有粮心不慌——充足准备法　012
　　第3节　优劣就在一念间——劣势利用法　019
　　第4节　听众之中找朋友——群体回归法　027
　　第5节　战胜困难靠自己——自我暗示法　031
　　第6节　最是面子输得起——厚黑无敌法　036

第二章　书写直逼人心的演讲文稿　043
　　第1节　"四种方法"搞定开场白　043
　　第2节　"三个一"串起主体内容　061
　　第3节　"三句话"编织精彩结尾　082

第三章　演绎独具风采的两种语言　107
　　第1节　有声语言——让文字飞扬　107

第 2 节　态势语言——让情感绽放　　　　　　　125

第四章　练就沉着从容的应对技巧　　　　　　143
　　第 1 节　控场——展现急智的良机　　　　　　143
　　第 2 节　答辩——从从容容才是真　　　　　　156

附　录　竞聘演讲范文　　　　　　　　　　　　171
　　为生命播撒爱的光芒——内分泌科护士长竞聘演讲稿　173
　　服务是金——联社副主任竞聘演讲稿　　　　　177
　　用爱托起明天的太阳——阳光幼儿园园长竞聘演讲稿　182
　　安全科科长，非我莫属——安全科科长竞聘演讲稿　186
　　态度决定一切——电信客户经理竞聘演讲稿　191

绪论 | 漫谈竞聘演讲

竞聘演讲，也叫竞职演讲，它是由不特定多数人参与的，以获得某一职务为目的，以竞聘参与者当众演讲的形式向听众传递"我最适合""非我莫属"的信息，并由领导或评委确定最终人选的职业活动。

竞聘演讲属于公众演讲的一种。为了更清楚地理解竞聘演讲，我们有必要先了解一下公众演讲。简单地说，公众演讲就是一个人面对三个及三个以上听众的讲话。公众演讲的涵盖面是非常广泛的，在日常工作和生活中，人们的绝大多数讲话都可以定义为公众演讲。

既然包含于公众演讲之中，竞聘演讲就具有公众演讲所特有的属性。我认为公众演讲有四个最为突出的特征：

首先，语境的特定性。语境就是语言环境，再具体点讲就是讲话的具体场景。有句俗话叫"到什么山唱什么歌"，公众演讲也是这样，在什么语境里就要说什么话。举个例子，一位公司老总，给员工开会的时候，自然要重点讲工作上的事；如果去参加员工的婚礼，就不能再大谈特谈工作了，而要多说喜庆祝福的话。因为语境变了，讲话的内容必须跟着变，否则就是不合时宜，别人听着就别扭，就不容易接受。

具体到竞聘演讲，这个语境要求我们必须以介绍自己的基本情况、突出自己的竞聘优势、阐述自己对所竞聘职位的认识以及说明自己的具体工作思路为主线，凡是偏离这一主线的竞聘演讲，首先就犯了不符合语境的错误，那可想而知，这样的人要想赢得竞聘是相当困难的。

其次，内容的不可逆性。从两个方面来分析内容的不可逆性。一方面，对于听众来说，演讲的内容是不可逆的。一句话，说完了就过去了，没听清也就没听清了，不可能翻回头去再听一遍。另一方面，从演讲者的角度来讲，那就是"覆水难收"。说出去的话就是泼出去的水，即使意识到某句话说错了，或者说得不得体，也收不回来了。

正因为这种不可逆性，所以对竞聘者的要求还是蛮高的。第一，要保证深思熟虑，认真准备讲稿，在语言上尽量不出纰漏；第二，还要保证所讲的话字字句句都飞进听众的耳里，钻进听众的心里，让他们听清楚。可能有朋友会说，第一点我能做到，但是，我把握得了自己，可把握不了听众，他听清楚没听清楚可不是我能说了算的。这个想法不对，因为听众听没听清楚、听没听明白，根本性的责任还在演讲者。如果你发音吐字清楚，演讲内容生动，如果你浑身散发着一种很强的号召力，你的气场很足很强大，那你就能保证让绝大多数人听清楚你的演讲。反之就很难说了。至于我们怎么才能达到这样的演讲境界，我会在接下来的各个章节进行详细的介绍。

再次，过程的不确定性。经常关注新闻的朋友应该非常熟悉这个词——"鞋袭"。美国总统布什在演讲的过程中，遭到了反对者扔鞋，幸亏布什还算身手敏捷，躲得快，要不那双42码的鞋子砸在头上还真够受的。

实际上，不仅仅是"鞋袭"，向演讲者扔钞票的、吹口哨喝倒彩表示不满的，甚至公开站出来和演讲者辩论的，都不乏先例。而在竞聘演讲的过程中，出现这些极端情况的概率是极低的。但是，把听众都讲睡了或讲跑了也不好。在演讲的过程中固然不太可能有人站起来和你辩论，但听众轻蔑或者不屑的表情恐怕也让你不好受。

那么，我们怎么应对这些不确定呢？我认为，在演讲之前我们要准备、准备、再准备，在演讲中我们要投入、投入、再投入，万一出现令人不愉快的干扰，我们要冷静、冷静、再冷静。做到了这三点，我们就有了应对任何不确定性的底气，那接下来具体要怎么做，我会在控场技巧中为大家做详细的讲解。

第四，听说的互动性。这个非常容易理解。我们在台上演讲，台下的听众点头、微笑、赞许、皱眉、摇头等都是对我们演讲的反应。我们要从听众的这些反应中读懂听众的态度，如果听众给出的是点头、微笑等积极的反馈，那说明你的演讲是成功的，听众是喜欢听的；如果听众给出的是皱眉、摇头、心不在焉、交头接耳等消极的反馈，那说明听众不喜欢你的演讲，你就要适时做出调整，不然很难保证演讲效果。有朋友可能会有疑问了，如果我演讲的时候听众没反应，听众不和我互动怎么办？根据多年的竞聘辅导实践，我认为没反应就约等于消极反馈，甚至有的时候比消极反馈更严重。

你想想,你说话人家根本连听都不愿意听,这里的问题岂不是太大了吗?所以,听众没反应的时候,你就更需要调整!

以上就是公众演讲四个比较显著的特征。因为竞聘演讲是包含在公众演讲之中的,所以这四个特征它是肯定要具备的。同时,和其他演讲比较起来,竞聘演讲还具有三个非常明显的特性:

第一,结果的唯一性和自身去留的不确定性,决定了竞聘演讲很大程度上是选手心理素质的巅峰对决。

说起来,竞聘演讲是很残酷的。这是个"多选一"的活动,在这个活动中"更好"是没有什么意义的,必须做到"最好",只有"最好"才能成为"多选一"中最后胜出的那个"一"。走在这个仰望是绚烂美景,四周却荆棘密布的"华山一条路"上,很少有人心里不"忽悠忽悠"的,所以,强大的心理素质和心理承受能力是走向竞聘成功的通行证。我接触过很多朋友,他们自身条件是很不错的,优势非常突出,对工作也有自己独到的见解和主张,但就是抗压能力差,在竞聘演讲中的发挥大失水准,留下了深深的遗憾。所以,我说,竞聘演讲固然是选手自身优势和对工作思考的正面较量,又何尝不是选手心理素质的巅峰对决呢?

第二,讲稿程式的单一性和所要表达内容的丰富性,决定了竞聘演讲是平中见奇的花样翻新。

有人说竞聘演讲稿比较好写,因为,它有固定的程式,有点类似于"八股文"。确实如此,除了开场白和结尾之外,竞聘演讲稿主体部分主要有三大块比较固定的内容:简单的自我介绍、自身优势的陈述、对工作的认识和工作设想。也就是说，竞聘演讲稿无论是长是短，实际上说来说去就是三个一：一张自画像（自我介绍）、一封自荐信（竞聘优势）、一份策划案（工作设想）。从这个角度讲，竞聘演讲稿确实不难写，一般人顺着这个脉络都能写出一份总体上还说得过去的讲稿。但是，如果你说"三个一"，他也说"三个一"，所有的选手都说"三个一"，台下的评委和听众肯定会审美疲劳的。所以说，竞聘演讲稿虽然并不难写，但要写好、写出彩就很难了。要考虑在这个固定的程式化之下怎么出奇制胜，怎么说出与众不同的东西。那怎么就能花样翻新、语出惊人呢？在第二章中我将会重点讲解。

第三，演讲效果和竞聘结果的高度关联性，决定了竞聘演讲具有比较强的功利色彩。

我这里所说的"功利"是一个中性词，指的是竞聘演讲的内容和结果的联系是密切的。就一般演讲而言，听众的评价是模糊的，对演讲者自身利益的触动也不明显。也就是说你的演讲好也罢，歹也罢，听众只是一个泛泛的评价，听众更多的是表现在态度上的喜欢不喜欢、认可不认可。而竞聘演讲的评委，他们对竞聘演讲的评价已经不仅仅是态度上的喜欢不喜欢，而是实实在在的选择与不选择，结果非常明确。所以说，竞聘演讲是一种功利性非常强的演讲，是公众演讲中的纯"技术活"。

说到这里大家是不是害怕了？竞聘演讲太恐怖了吧？其实，不是我夸张，把竞聘演讲想得"恐怖"一些不是坏事情。"临事而惧，好谋而成"说的就是，一事当头我们要懂得恐惧，这所谓的恐惧不是害怕，更不是因为害怕就不去努力了，而是必要的谨慎。有了这份必要的谨慎,再"好谋",细心谋划、充分准备,这件事成的把握就会大很多。相反,那些大大咧咧,嘴里喊着"这多简单,这有什么"的人,事实会让他们明白这并不简单!我们对竞聘演讲多一分恐惧,甚至多一分敬畏,那么我们就会更加重视它,"好谋而成"也就不再是水中月、镜中花。

第一章 打造强大自信的心态

> ……那怎么才能使我们的心态强大自信呢？在这一章中我将给大家介绍克服竞聘演讲紧张的六种实用方法。

说起竞聘演讲，我们不得不先说一个让人十分泄气，但又无论如何也绕不过去的话题——演讲紧张。

我接触过很多人，他们有的是管理骨干、有的是业务精英、有的是营销高手、有的是技术能手……但很不幸的是他们当中有许多人竞聘失利，不仅事业上大受挫折，心灵上也备受煎熬。

那么，为什么在工作上顶呱呱的强人，却过不了竞聘演讲这一关呢？绪论中讲到，竞聘演讲固然是竞聘者自身优势和工作能力的拼争，但更是他们心理素质的巅峰对决。仔细分析一下，我们就会发现，好多人之所以在竞聘中失利，一个很重要的原因就是心理素质不过关，一上台就紧张。因为紧张，他们缩手缩脚，缺乏自信；因为紧张，他们脸红心跳，声音干涩；因为紧张，他们发抖冒汗，呼吸急促；因为紧张，他们大脑缺氧，影响思考……一个战战兢兢、磕磕巴巴、支支吾吾、说了上句想不起下句的竞聘者，评委和领导们能对他信任有加、委以重任吗？所以，要想竞聘成功，进而在事业上有一个更加广阔的发展空间，演讲者要做的第一件也是最为重要的事情，就是克服演讲时的紧张恐惧心理，打造强大自信的心理状态。大家一定要记住，只有你自己对自己有信心，别人才能对你有信心！如果你自己都不相信自己，别人又怎么能相信你呢？

那怎么才能使我们的心态强大自信呢？在这一章中我将给大家介绍克服竞聘演讲紧张的六种实用方法。

第 1 节

我的眼中没有你——转移注意法

我要介绍的第一种方法，我把它叫做"转移注意法"。

竞聘演讲是职业生涯乃至人生历程中的一件大事，其重要性自不待言。正因为它重要，所以大多数人才对竞聘的结果患得患失，但患得患失是非常不明智的行为。

心理学家告诉我们，一个人越是过分地关注结果，越对事情的成败得失耿耿于怀，往往越会"砸锅"，正所谓"关心则乱"。在我们的现实生活中，这样的事例真的是太多了，在这里我举三个例子。

第一个例子叫"强迫性遗忘"。我们往往有这样的经历：一个特别重要的东西，比如一份重要的文件，我们保管起来就会小心翼翼。我们会告诉自己一定得放一个非常安全的地方，千万别弄丢了或者找不到了。可是，放好了以后，过一段时间再要用那份文件,却怎么也想不起自己把它放哪里了,我们会说:"我当时还想着一定要放好了呢?怎么记不起放在哪里了呢?"

这样的事大家经历过吧?这就叫"强迫性遗忘"。因为我们大脑接受的"放好了别丢了"的信号刺激太强烈了,具体放在哪里的信号刺激反而弱化了。因此,我们记住了不该记住的,却忘记了不该忘记的,大家想想是不是这个道理?

第二个例子叫"强迫性破坏"。爱迪生发明灯泡时,有这么一个小插曲。话说爱迪生和他的助手经过连续奋战,终于研制出了人类历史上第一只灯泡,爱迪生把灯泡交给一名助手,让他把灯泡拧上试试。这个助手是老实孩子,做事可投入了。他颤颤巍巍、小心翼翼地捧着这只灯泡,边走边说:"这只灯泡太珍贵了,多少心血在里面啊,可千万别摔碎了、千万别摔碎了、千万别摔碎了……"这时就听见"啪"的一声,那只灯泡掉在地上摔得粉碎。我们能说这个助手粗心大意、办事不小心吗?不能啊,这么说他可是比窦娥还冤呢。就是因为他太关注这个事,太想做好了,才产生了强迫性的破坏,最后反而没有做好。

第三个例子叫"强迫性注意"。这是发生在我国航天英雄杨利伟身上的故事。当时参加航天员选拔的可不止杨利伟一个人,而驾驶神舟五号遨游太空的却只能有一个人。对比起来,竞争的残酷性比我们讲的竞聘不知道要高出多少倍,他们心里也打鼓,也嘀咕啊。就在确定最后人选的关键时刻,一位名叫刘芳的心理训练师给杨利伟做了一个小试验。她对杨利伟说:"你看着我的眼睛,5分钟内不能咽唾沫。"杨利伟照做了，可是没有成功。他对刘芳说："刘老师，你没提到唾沫之前，我还没感觉有唾沫，现在反倒有唾沫要咽了。"刘芳笑了笑，因势利导，委婉地提醒杨利伟，越是过分担心后果，就越会事与愿违。这就是"强迫性注意"。

通过以上这三个事例，大家应该更加明确了，越想做好往往越做不好，越想要什么往往越没有什么，这就是生活的真谛。当然，我强调这些，不是要表现我多么有哲学素养，咱们的目的只有一个——了解规律，顺势而为。怎么顺势而为呢？不关注这个结果，把注意力转移不就行了吗？！简单不简单？太简单了。

但是，这话说着容易，要真正做起来，却不那么简单。我们成年人之所以纠结郁闷，是因为我们和小孩子不一样。在大多数情况下小孩子做不好事是因为不懂规则、不懂道理。而大多数情况下成年人做不好事往往是因为在道理和行为之间存在着脱节的现象。也就是说，道理大家都认可，可真正能把道理不折不扣地转化为行动的，却是少数人。所以我们才会经常听到诸如此类的话："道理我都懂，但我就是做不到，你说怎么办吧？"我只能很无奈地说，如果真的是这样，那神仙也帮不了你。大哲学家萨特曾经说过一句话，他说："是懦夫使自己变成懦夫，是英雄把自己变成英雄！"同样，成就你自己、改变你自己命运的，也只能是你自己！只有我们认同了这个观点，发自内心地要去改变，我们才能谈到如何做的问题。下面，我给大家介绍可以帮助我们转移注意力的两个小方法。

第一个方法——填充法。一个人有大把大把的闲暇时间的时候，是最容易胡思乱想的时候。你一旦闲下来，无事可做了，思想就会"开小差"，就会自觉不自觉地想："我一定要讲好啊，一定不能出差错啊！"所以，我建议大家在竞聘演讲之前不要给自己留太多的"空白时间"，不给思想开小差的机会。

前面提到的杨利伟的例子，心理训练师刘芳就告诉他，一定要把"谁第一个上"这类问题尽量抛开，把心理能量集中到该掌握的航天知识和技能上。同样的道理，咱们也要把自己的注意力放在对竞聘的准备上，多学习、多搜集材料、写好稿子、背好稿子、反复练习，当我们全身心地投入到这些事的时候，对结果的关注就会相对淡化。而且这样做还有一个好处，那就是让你心里更有底。咱们做个类比。假设你是一个"月光族"，可巧这个月到月底的时候，你女朋友要去吃大餐，你不能不答应啊，不答应不是找麻烦吗？那你兜里揣着有数的几张钞票，坐在优雅的餐厅里吃牛排，你是不是总得嘀咕着我这钱够不够结账啊？相反，你拿着一张一百万的卡，你又是什么心理？你会很潇洒啊，吃顿牛排算什么？没准一高兴还送个钻戒呢。这说明你心里越有底，你就越坦然，就越不紧张！那么，当我们把自己的闲暇时间都用来做准备的时候，随着准备得越来越充分，你的底气越足就越不紧张，所以，填充你的闲暇时间和演讲成功之间，实际上是一个良性的循环，是互相促进的。

第二个方法——宣泄法。人貌似"很能很强大"，其实内心深处都有脆弱的一面。作为局外人，我们劝别人"别过多地关注结果"可能很容易，但对于参与竞聘的局内人来说，要做到"两耳不闻窗外事",心无旁骛地去准备演讲,有的时候确实比较困难。因为说到底,竞聘是关系到职位、收入、前程的大事,换了谁都会不自觉地在心里掂量来掂量去。但是,这种纠结的情绪如果堵在胸口会让我们很郁闷,我们不能在心里"养"着它,要把它宣泄出去,为自己减压。我们可以去做做运动,一身大汗之后心里就能稍微轻松一下;还可以去找朋友倾诉,虽然靠倾诉并不能解决实际问题,但倾诉之后,我们的心里就会相对宁静一些,就像哲学家所说的,一个痛苦由两个人分担,痛苦就会减半。当然,你也可以去唱歌,去上网打游戏等等。总之,就是要建立一个情绪的疏导渠道,而不是一味地去堵塞它,因为堵塞它的结果势必是负面情绪越来越严重,以致后来我们自己都无法控制。大家都是聪明人,千万不要做那样的傻事。该吃吃、该喝喝、该乐乐,竞聘结果别往心里搁。

说到这里大家应该很清楚了,不论是用演讲准备来填补时间和思想上的空白,还是为情绪找一个宣泄的渠道,说到底就是给自己"甩包袱",只有甩掉了"包袱",让自己的思想更简单一些,心灵更轻松一些,将竞聘这件比较"闹心"的事化繁为简了,我们才能更加具有"战斗力"。

第 2 节

家中有粮心不慌——充足准备法

有一个非常有意思的现象,当我们做一件事的时候,如果这件事我们做得特别娴熟、特别好，那么，我们就不害怕有人看，相反我们会希望有更多的人看，越有人看，我们的劲头越足，做得越好。举个例子，我在开始接触电脑的时候，打字是相当慢的，什么键在哪里都找不准。如果身后再站个人看我打字，那更是浑身冒汗，手忙脚乱了。现在呢？这么多年写文章打字，盲打都没问题了，所以无论有多少人站在我身后看我打字，我一点都不紧张。而且在被别人看的时候，我心头还窃喜，看我打得多快！有一种被欣赏的愉悦感。

对于大部分人来说，在大庭广众之下演讲，这绝对不是我们天天都要做，像打字一样闭着眼睛都能做好的事，实际上从骨子里我们是不希望别人看的，但那是根本不可能的事情。所以，我们只能是心不甘情不愿地让人看，那来自台下的目光盯在我们身上就真的是如芒在背了，我们焉能不紧张啊？这是其一。

另外，在绪论中提到，竞聘演讲的过程具有不确定性。在竞聘演讲的过程中，有可能会发生一些我们事先不能预知的突发情况。比如，麦克风突然坏了，比如你的稿子和别人的稿子内容上有重合，撞车了，比如听众很明显地表现出对你的演讲不感兴趣，等等。这些不确定会发生的情况，就仿佛悬在演讲者头上的达摩克利斯之剑，让演讲者战战兢兢、如履薄冰。

大家看看自己的处境吧，一边是演讲这个事我们做得不太熟练、不太完美，我们不太希望有人看但又必须承受来自听众的"注视"；另一方面我们又要时刻提心吊胆，担心发生意外情况，这不是紧张之上又加了一份紧张吗？这不是太没天理了吗？但是，大家不要忘记一句话"不经一番寒彻骨，哪得梅花扑鼻香"啊，我们只有经受住了这双重的精神折磨，才能百炼成钢。换句话说，这份痛苦是我们必须经历的，是绕不过去的。那么，有没有什么方法来帮助我们承受这样一番心灵的锤炼呢？应该说，方法还是有的，而且还是非常有效的，毕竟方法总比困难多一个。什么方法呢？就是充足准备法。

"凡事预则立，不预则废"，这是古人对我们的教导。在军队中也流行着一句与之类似的话——"平时多流汗，战时少流血。"竞聘演讲也是这样，功夫要下在平时。平时你比其他人多用心准备了，那登台演讲的时候，获得胜算的可能性就会更大一些。那么，我们究竟要准备什么呢？我总结，在竞聘演讲之前，我们要做好"四备"。

第一备，备语境。我在这里所说的备语境，实际上是对我们所要竞聘职位的一个深入了解和分析，正所谓："知己知彼，方能百战不殆。"

参加过竞聘的朋友都非常清楚，每个单位在组织竞聘工作的时候，一般都会印发《竞聘通知》或类似的相关文件。在《竞聘通知》上，比较详细地介绍了对竞聘岗位的任职条件和任职要求。不知道大家有没有认真研究过，不过我接触过一些人，他们对《竞聘通知》以及类似的相关文件看得非常马虎，走马观花，大致一看就完了。这种做法我认为是不可取的。我们要想在竞聘中取得好的结果，就必须认真研究《竞聘通知》上竞聘岗位的任职条件、任职要求。首先一定要读懂、读明白了，在接下来准备竞聘演讲稿的时候，特别是在谈自己的竞争优势以及工作思路、工作方法的时候,要有意识地往岗位要求上靠,这样才能合上拍。如果我们对岗位要求认识得不全面或者有偏差,那么你认为重要的信息,评委和领导可能并不感兴趣,而他们真正想听的内容,你又有可能认为不重要,在竞聘演讲中没有体现出来,这样听、说双方的预期就不一致了,预期不一致效果肯定就不好,这是有连带关系的。

所以,我经常说,准备竞聘演讲的第一步不是写稿,而是认真地读文件。这也是我所要强调的备语境在竞聘演讲中的实际体现,希望大家千万不要等闲视之。

第二备,备稿件。这个很容易理解,相信大家也都不会有异议。因为我们还没有那么高的水平,在不准备稿子的情况下自信登台、张嘴就来、侃侃而谈。在看清楚并理解透所要竞聘岗位的要求以后,我们就要着手准备竞聘演讲稿了,应该说,这是准备工作中分量最重的一个环节。在绪论中提到,竞聘演讲有别于其他形式的公众演讲,它有一个固定的程式,要讲的内容就是那么几大块,每个人的差别都不是很大,这就给我们准备稿件,特别是准备一篇出色的稿件带来了难度和挑战。怎么在固定的程式中彰显个性风采,怎么在大众的话题中追求与众不同呢?在后面有专门的一章,在这一章里我将告诉大家怎样使竞聘演讲的开场白、主体和结尾更好、更生动、更吸引人。

第三备,背稿件。很简单,就是把我们准备好的讲稿背诵下来。有朋友问我,这个有商量吗?演讲稿一定要背下来吗?依我说,竞聘演讲不是讨价还价,不是可以商量的事情。

从追求最佳演讲效果的角度看,背稿子这个事情没有商量。因为你站在台上埋头读稿子和脱稿演讲,给听众的感觉绝对是不一样的,你只有把稿子记在心里,彻底摆脱那几页纸的束缚,才能把你的眼神、表情、动作,直至把你整个人解放出来,这样才能谈得上和听众进行更有效的沟通和交流。在竞聘演讲中听众更佩服的是那些脱稿演讲的人,他们获得欣赏和支持的概率要远远高于读稿子的人。

当然,对于我们成年人来说,记忆一篇上千字的稿件,难度还是不小的。那么,我们怎么才能又快又好地把稿子背诵下来呢?我根据自己的实践经验总结了一套方法,在这里提供给大家做一个参考,我把这个方法称为"三三三法则"。

第一个"三",就是先把演讲稿默读三遍。在默读的过程中要找语感,就是找自己对整篇稿子的融入感,要把自己的情感情绪都融入到稿子里。

第二个"三",先试背一遍。在试背的过程中,你可能会出现两方面的问题,一是你可能会"篡改"原稿中的一些词语,比如把"然后"说成"接下来",把"激动"说成"高兴",把"感慨颇多"说成"有很多感慨"等等。出现这些情况都是很正常的,对于这些与原稿不符的词语,只要表达意思没变,就不要强迫自己去改,因为你说出的这些词语就是最符合你语言习惯,也是你最容易记住、最容易说好的词语。演讲和写文章不一样,为什么有的人的演讲听起来像背书呢?就是因为他们太拘泥于原稿中的词语了,我们在写演讲稿的时候,可能会习惯成自然地写一些书面化的东西,但是在讲的时候,只有转化成口语化的东西讲出来,才能让听众听起来自然，不做作。二是你可能背不完全，你可能会遗忘很多内容。

遗忘是正常的，在试背一遍以后，你记住的就是和你的内心最有默契的内容，对于那些没记住的内容，我们要转入分段朗读记忆，就是一段一段地强化记忆。在这里，我建议大家出声音朗读出来，每个段落朗读一遍，背诵一遍。根据我的经验，做完第二个"三"以后，绝大多数朋友应该能记住演讲稿中80%左右的内容了。

第三个"三"，就是把整篇稿子连起来背诵。我建议大家先背诵一遍，再朗读一遍，对于记得不牢靠的地方加深一下印象，最后再背诵一遍。在这里我特别要强调的是，有的朋友过分追求一次背诵成功的成就感和愉悦感，所以当背到某个段落或某一语句打磕巴的时候，他们就会说："坏了，背错了，从头再来吧。"于是又返回头去从第一自然段背起。我不赞成这种做法。因为这样做，你重复最多的就是开头那几个自然段的内容，在脑海中印象最深刻的也是这部分内容。按照心理学原理，对这些内容过度兴奋，势必会对其他内容产生抑制，熟的更熟，生的更生，恶性循环。

更要命的是，这样的一种背诵方式，会在无意识中使你形成一种习惯行为，只要一忘词，就想退回去重背。为什么有的朋友在台上忘词以后会显得那么张皇失措呢？不是因为他们真的一点办法没有，而是他们的内心深处在与习惯行为相抗衡，已经无暇思考。就是说他们已经习惯了只要一忘词就退回去重背，即使在演讲台上，他们的下意识也想这样去做，但是理智却告诉他们这是在众人面前，是在掌握着"生杀予夺"大权的评委和领导面前，是不能退回去重新背的，自己必须要找到巧妙的应对办法，这两种心理冲突的结果就是使演讲者更加焦虑、更加没底，于是就会越来越慌乱，越来越束手无策。所以，哪里跌倒就在哪里爬起来，哪里忘了就强化记忆哪里。

还需要注意的是，直到正式演讲之前，我们都要不断熟悉稿件。因为，根据心理学家艾宾浩斯对记忆规律的研究，我们只有不断地重复记忆，才能加深印象。大家千万不要认为经过一轮这样"三、三、三"的背诵后，自己对稿子就记得很牢靠了。即使你当时背得滚瓜烂熟了，那也只是一种比较浅表的记忆，随着时间的推移势必会有遗忘，所以我们要不断地重复刺激，加深印象，直到把演讲的内容全部铭刻于心。

当然，背熟稿子也只是万里长征的第一步，为了达到最佳的演讲效果，我们光把稿子的内容背下来是远远不够的，还必须要配以声音、目光、表情、动作等全方位的综合练习，这方面的内容我会在相关的章节里讲到。

第四备，备意外。我们要在登台演讲之前，对有可能发生的一些突发状况做一些必要的准备。这一方面能够强化我们"我有准备，所以我不紧张"的心理，另一方面也可以使我们一旦面对突发状况时，能够妥善应对。

备意外，需要我们准备的内容不少，比如：如果临时忘词了怎么办？如果上台后突然发现自己的衣服没有整理好怎么办？如果音响效果不好怎么办？如果我们准备的内容多而演讲的时间少（或准备的内容少而演讲的时间长）怎么办？

如果有人对我的演讲提出质疑怎么办等等。当然，这每一个"如果"后面，都有一系列的应对策略，我将在控场技巧中详细讲解。另外，对于竞聘演讲来说，还有一个比较重要的环节，就是答辩。虽然我们不可能预知题目，但是我们可以事先了解并熟悉解答各类题型的路径和脉络，知道要从哪些关键点去切入问题并精彩作答，这些都是需要花心思去认真准备的。当然，具体要怎样去做我会在讲竞聘答辩的时候给大家讲解。

大家看，经过上述这样一番准备，我们登台的时候底气是不是就足了？

第3节
优劣就在一念间——劣势利用法

克服竞聘演讲紧张恐惧的第三种方法是"劣势利用法"。什么是"劣势利用法"呢？顾名思义，就是变劣势为优势，化不利为有利。

我辅导过不少参加竞聘的朋友，他们之所以对竞聘演讲心存恐惧，还真的不是因为没有准备，即使事先准备得很充分了，他们还是会非常紧张，而且这种紧张是根深蒂固、深入骨髓的。有的朋友曾经非常痛苦地跟我讲，说他一想起要竞聘演讲就吃不好、睡不香，别提多焦虑了，甚至都怕自己会得抑郁症。为什么会这样呢？我分析了一下，根源就在于他们内心深处有挥之不去的阴影，这个阴影就是他们紧张恐惧心理的引爆点。那这个阴影是什么呢？——自卑！因为自卑就不自信，因为不自信就惶恐，因为惶恐，演讲的时候就发挥不好，这都是有连带关系的。只有克服了自卑心理，使内心强大起来，才有可能在竞聘中有一个比较好的表现。

要想克服自卑心理，咱们首先就要弄清楚我们为什么会自卑，找到病根才能对症下药。造成人们自卑的原因是多种多样的，具体到竞聘演讲，我分析主要有以下几方面的原因：

第一，出身草根。相信大部分朋友对"富二代""农二代""工二代"这些词语并不陌生，这些都是关于人们出身的指代性词语。和那些含着金汤匙出生，占尽资源优势的人相比，出身草根的人更容易产生自卑心理，这就是心理学家所说的因身份地位而引发的自卑。

曾从网上看到一篇文章，文中提到，央视著名主持人白岩松当年刚上大学时，就因为邻座的女生问了一句"你从哪里来？"，使得他一个学期都不敢和这个女生说话。因为，"你从哪里来"是当时的白岩松最忌讳的话题，他来自北方小镇，在他的逻辑中来自小镇就意味着没见过世面，这是他的心结。

在我辅导过的众多竞聘者中，有一个小伙子给我留下了极为深刻的印象。这个小伙子外形俊朗，能力很强，工作表现相当不错，应该说是非常具有竞争优势的。但是，在我为他做模拟演讲辅导的时候，我发现他只要一上台说话就结巴，一下来又没事了，这是典型的紧张恐惧的表现。我就问他："你各方面条件都不错，你担心什么，紧张什么呢？"这个小伙子吞吞吐吐地告诉我，自己是山里孩子，父母都是农民，而参加竞聘的其他同事，很多人都有非常好的背景，有的是"海归",有的人的父母是领导干部,和他们相比,自己觉得底气不足,获胜的希望非常渺茫,所以就不由自主地紧张。当然,后来在我的指导下他克服了这种情绪,在竞聘中表现得相当出色。

第二,相貌平平。心理学家发现了一个特别有意思的现象,相貌出众的人比起常人会更加自信一些。其实,这也很好理解。一个孩子如果长得漂亮,那么肯定会特别惹人喜爱,得到别人的表扬夸奖就多,那么他们长大以后,性格中自信的成分就会很突出。相反,那些长得不太好看的、姥姥不疼舅舅不爱的孩子,从小得到的表扬夸奖相对要少,那么长大以后性格中自信的成分也就少。这是我们讲的心理层面。

再从现实层面分析,如果一个竞聘者长得仪表堂堂、玉树临风,那么他站在台上是一种什么感觉啊?那是被欣赏的愉悦感,自我感觉相当良好!相反,一个人如果站在台上还在担心听众会不会笑他长得矮啊,会不会说他长得丑啊,会不会嫌他的声音太难听啊……那么我们想想,他此刻是一种什么感觉?那是被审视的局促感,这个感觉可不好受,观众的目光落在身上,如芒在背,他不紧张谁紧张呢?

第三,条件勉强。竞聘是多数人群体参与的活动,但竞聘的结果只能是少数人甚至只有一个人胜出。也就是说,在竞聘的过程中,大部分人都是"分母",只有极少数出类拔萃的人才能脱颖而出,成为大家都羡慕的那个"分子"——"广种薄收"是竞聘活动最为显著的特点。也正是基于这一点,所以,不是所有参加竞聘的人条件都是十分优秀的,只要符合入门条件,就有参与的资格。比如,对于竞聘者学历的要求,现在一般用人单位的基本规定是大本及以上学历，而且是一个硬性规定。那么如果你是本科毕业，你仅仅是符合条件而已，在硕士、博士毕业的竞争对手面前，你会不会觉得底气不足啊？再比如，竞聘条件要求至少要有五年的工作经验，你刚刚够五年，和那些有七八年甚至十多年经验的人相比，你们也不是一个"重量级"的。那么，所有这些条件上的勉勉强强，不占优势，就使得你站在台上不是那么信心满满，气宇轩昂，换句话说就是有点"发怵"，你这一"发怵"当然就紧张了。

正是这些蛰伏在我们内心深处的或许自己都没有意识到的自卑感，像毒蛇一样吞噬着我们脆弱的神经，使竞聘演讲如炼狱般痛苦。

有办法解决吗？应该说办法永远是有的！这个办法笼统地讲就是我在本节一开始提出的"劣势利用法"，也就是说竞聘者不但不再对自己的劣势和不足自卑，而且还要以自己的种种劣势为傲，将劣势转化为自己胜出的砝码。能做到吗？事实告诉我们是可以做到的。怎么去做呢？在这里讲两点：

第一点，大胆蔑视。我先给大家讲一个故事。亚伯拉罕·林肯是美国历史上非常著名的总统，他出身寒微，他的父亲是一名鞋匠。因为家里经济条件不好，他从小没受过太多的教育，全靠自学成才。不但出身不好，林肯长得也有点惨，不像奥巴马总统是一个大帅哥。

林肯，这么一个出身不好、长相不好，又无权无势的人，按照咱们一般人的心态分析，他得多自卑啊，这样的人别说赢得大选了，就是参加竞选，那得需要多大的勇气啊。

但是，林肯不是一般人。他没有在自卑的情绪中纠结，而是通过大胆的蔑视为自己赢得了掌声。比如，当他的竞争对手大肆炫富的时候，他怎么样呢？他嗤之以鼻，不屑一顾。你不是炫富吗？你炫你的，我连看都懒得看，因为那些不重要。那我们就要问了，林肯认为重要的是什么啊？一起来看他的演讲片段：

"有人写信问我有多少财产。我有一个妻子和三个儿子，都是无价之宝。此外，还租有一间办公室，室内有办公桌一张，椅子三把，墙角还有一个大书架，架上的书值得每个人一读。我本人既穷又瘦，脸蛋很长，不会发福，我实在没有什么可以依靠的，唯一可依靠的就是你们。"

林肯所说的"你们"当然指的是台下的听众，是支持他的人。林肯这番谈话赢得了台下暴风雨般的掌声。

我们从林肯的这番话里可以体会出三层意思：第一层意思，家人、亲情是无价之宝，金钱在他面前一文不值；第二层意思，书籍、知识是巨大财富，权势在他面前黯然失色；第三层意思，支持者是坚强后盾，是最宝贵的无形资产。

厉害不厉害？太厉害了，这几句话讲得太有水平了。这几句话一说，让那些炫富的人都没心情也不好意思炫富了。为什么呢？因为所谓的炫耀，就是拿你没有的又特别想得到的"东西"气你，而这招在林肯这灵不灵呢？不灵！因为林肯视金钱如粪土，那些所谓的财富权势不但不能在林肯的内心引起哪怕一点点波澜，他还极端蔑视，连正眼看都不愿意看。更为重要的是，林肯的这几句话说到了美国人的心坎上了，赢得了民心，这样一来形势就发生了逆转，林肯成功地将自己的劣势转化成了巨大的优势。

可能有朋友会说，林肯是有大胸襟、大智慧的伟人，才思敏捷、口才出众，他能做到的事情我担心我做不到。我们真的做不到吗？答案当然是否定的，别人能行，我们也一定能行！

我讲一个现实当中的例子。我辅导过一个年轻人竞聘，他的情况就是咱们刚才说过的，刚刚够条件，仅仅是有资格参与而已，和其他竞聘者比起来不具备明显优势，我跟他讲："既然你的优势不突出，那么你就蔑视那些所谓的优势吧！"于是，我帮他设计了下面的开场白：

尊敬的各位领导、各位评委：

大家好！

我叫孟翔天，31岁，大专学历。我1991年来供电公司工作，试用期结束后，进入市区供电所装接班，做装表接电工；2001年到现在，一直在公司做工程管理，负责电力工程预决算、工程招投标、工程施工管理等项工作。我是2002、2003、2004连续三年的公司先进生产者，2004年还被评为地区供电公司多种产业先进个人，同年参加了总公司组织的工程招投标比赛，夺得了第一名。我只能给大家提供这不足二百字的描述，其他的真的没有什么了。我没有金灿灿的高学历，也没有光闪闪的职称，我有的只是勤勤恳恳、兢兢业业的工作态度和永不停止的努力！但我深信，在我们这个不重学历重能力、不看职称看业绩的公司，有这些就足够了！

　　大家看这个年轻人，是何等洒脱。他没有高学历、没有高职称，自卑吗？一点都不自卑，不但不自卑，相反还以这些"劣势"为荣，并且巧妙地利用这些劣势不显山不露水地把公司领导"夸奖"了一番，这么一个非常阳光、非常自信的年轻人站在评委面前，态度恳切、言语真诚，评委怎能不动心呢？

　　后来，就是这个在各方面看来都略显不足的年轻人竞聘成功了。应该说，他更多的是赢在了心态，赢在了自信。

　　这是咱们讲的第一点，对于自己不具备的东西，不要自卑，更不要怨天尤人，你大胆地去蔑视它，就会产生不一样的效果。除了可以把自卑转化成蔑视之外，还可以通过自嘲来克服自卑的情绪。

　　第二点，自我解嘲。自嘲就是自我解嘲，自己嘲笑自己。在人群中有一个普遍的规律，就是当自己在某一方面有缺陷的时候，总想遮遮掩掩，害怕别人提起。矮个子害怕别人谈身高，胖人不愿意听别人谈体重，等等，都是这种心理的最直接反应。可事情就是这样，你越害怕别人说，别人往往就越爱取笑你，别人越笑话你，你就会越敏感、越谨小慎微、越不自信、越自卑。带着这样一种心态上台演讲，你自然会紧张，你的表现肯定也好不到哪去。

　　其实，对于这件事，咱们完全可以换一个角度去看。大家思考一下，你的缺点、不足甚至是缺陷摆在那里，别人拿来取笑，它们是客观存在的；别人不说，它们也是客观存在的。与其让别人捷足先登用它来挫伤你的自信，不如自己先自我嘲笑一番，这样既可以避免别人带给我们的伤害，又可以展现我们的豁达和幽默，赢得他人的好感，何乐而不为呢？所以请大家记住这样一句话——当你不能阻止别人给你带来伤害时，就要阻止自己让别人来伤害。

在这里我举一个例子。在讲这个例子之前，我想请大家想一下，在我们一般人的印象中，电视节目主持人在外形上应该是什么样的？大部分朋友肯定会脱口而出，女主持人要漂亮，男主持人要帅气。但是，如果我告诉大家，一个身高只有 1.03 米的女孩应聘上海电视台《第一财经》节目主持人成功，你相信吗？

在一档电视求职节目《中国职场好榜样》中，三岁时就被确诊为"先天性软骨发育不全"的"拇指姑娘"顾伊劼登场了。因为和主持人的身高相差过大，于是主持人为她拿来了一张小台子。站到台子上后，顾伊劼微笑着说："原来高处的空气是这么好！"台下随即爆发出了一阵热烈的掌声。这个身高只有 1.03 米的姑娘，她的乐观开朗、她的自信豁达，令我们所有普通人仰视！

顾伊劼敢于拿自己的身高自嘲，这是真正强者的风采！一个敢于直面自己不足的人，谁又能够撼动她一丝一毫呢？

所以，我建议大家一定要学会自嘲，通过自嘲，我们可以很轻松地将自己的劣势转化为优势，因为善于自嘲的人会给人留下三点深刻印象：一是大度，大度的人不狭隘，好相处；二是幽默，幽默的人有情趣，不讨厌；三是自信，自信的人有担当，可依靠。那我们看，自信、大度、幽默不都是优势吗？通过一个自嘲，我们能把自己的劣势演绎成这些优势，这不是赚翻了吗？我们何乐而不为呢？

第 4 节
听众之中找朋友——群体回归法

人是群体动物，群体归属感对于我们来讲那真的是太重要了。有心理学家曾经做过一个实验。他们找来一群大学生，告诉他们实验非常简单，只需要他们"宅"在房间里就行，什么都不用干，想睡到几点就睡到几点，每天有专人给他们送饭，保证他们吃好喝好。那我们就要问了，这个实验它究竟要做什么呢？心理学家说，就是想看看这些大学生谁在房间里待的时间最长。这些参加实验的大学生只剩下偷着乐了。不用上课、不用考试、不用做饭、不用洗碗，想几点睡就几点睡，想几点起就几点起，无拘无束，逍遥自在，这是神仙过的日子啊，还比谁待的时间长？能这样过一辈子才好呢！

可是谁也没有想到，这些大学生高高兴兴地进去以后，没过多长时间就有人挺不住了。可能有朋友会问了，这么好的条件，为什么住不下去了呢？因为，这些大学生不是"蚁族"，他们是一人一个单间。但是，单间里只有床，其他的一无所有。书，没有；电视，没有；电脑，那就更别想了。我们可以设想一下，这些实验志愿者生活的状态是什么样啊？他们接收不到来自人群的任何信息，没有人可以交流，除了吃饭睡觉无事可做，这种状态很容易使人联想起英国作家狄更斯的名著《双城记》中被关在巴士底监狱里的囚犯。虽然这些大学生在生活待遇上和当时的囚犯有着天壤之别,但他们的精神生活却是出奇地一致,用一个词概括,那就是"与世隔绝"。这样的生活状态,即使天天吃鱼翅、鲍鱼也受不了啊,这份精神上的煎熬是生命不能承受之重。

心理学家通过这个实验印证了一个观点:一个心智正常的个体,只有生活在群体之中才有安全感,才活得踏实。一个人如果被硬生生地从群体中分离出来,过起孤零零的生活,那是非常难受的事情。看过《鲁宾逊漂流记》的朋友们都知道,漂流到荒岛上的鲁宾逊,不也有一个叫"星期五"的奴隶相陪伴吗?

现在问题就很明显了,在竞聘演讲的时候,演讲者恰恰脱离了自己的"群体",这就会使演讲者产生孤雁失群的茫然感。这话应该怎么理解呢?两层意思:

首先是空间距离引起的孤独感。一个讲台,一张讲桌,把演讲者和听众泾渭分明地隔离开来,这种空间上的疏离势必会使演讲者产生"我们不是一拨"的弱势心理,确实,这种"一对多"的阵势是挺让人发怵的。

其次是角色差异引起的不安感。对于竞聘演讲者来说,底下的听众可不是一般意义上的听众,他们是有投票权的,自己是"成龙"还是"做虫"就在他们的一念之间,如此强烈的角色差异肯定不会产生"我们是一拨"的感觉,既然没有归属感,紧张也就在所难免。

那么,竞聘演讲者要用什么方法来缓解这种原因造成的紧张心理呢?这就是我们本节的标题——"群体回归法"。怎么回归呢？我也谈两点：

第一点，不要把听众当作"假想敌"。现在，在我们周围充斥着一些指导大家克服演讲紧张恐惧心理的方法，对其中的某些方法，我个人是不太认同的。比如，有的人提出，演讲的时候，我们就把听众都想象成欠你钱的人，你是债主，那你的底气不就足了吗？相应的你不就不紧张了吗？我认为，这个方法乍听起来有理，但是经不起推敲。为什么呢？现在社会存在一种怪现象，欠债的比借钱的腰板硬，跟大爷似的。想想看，底下坐着一群大爷，你说你的演讲怎么进行吧？这样想的结果不是不紧张了，是更紧张了。

再比如，还有人说，你可以把听众想象成一片庄稼地，你是在对着一片玉米、一片高粱演讲，你还怕什么呢？你还紧张什么呢？这个方法我认为更加荒诞。咱们都知道，演讲是信息传递的一种形式，是听、说双方沟通交流的过程，它不单单是说一方面的行为。你把听众想象成玉米，我们平时看玉米是什么眼神？那和我们看同类的眼神能一样吗？你这样和听众交流，评委不把你淘汰掉那就太对不起你了。

所以说，无论是把听众想象成欠你钱的人，还是把听众想象成玉米、高粱，都不会使演讲者摆脱紧张、恐惧心理，甚至还会起相反的作用。

竞聘演讲的时候，本来我们和听众在空间上就有距离，在角色上也有差异，这个时候，一个明智的演讲者最需要做的就是模糊这种距离感，淡化这种差异感，也就是说，我们不要强化那种说话者和听话者是泾渭分明的两个阵营的界限，要从心理上告诉自己，我和听众是一个群体的，我们现在所进行的是同一项工作，一项需要分工合作才能完成的工作，现在我的任务是讲，他们的任务是听，他们都是我的同事、领导、伙伴和朋友。也就是说，演讲者首先要在心理上完成对群体的回归，正所谓"我和大家在一起，所以我不紧张"。

第二点，要在听众中找朋友。不要把听众当成自己的"假想敌"，光这样还不够，竞聘演讲者还要学会并习惯于在听众中寻找朋友、寻找自己的支持者。

咱们都知道，人的情绪是会传染的。我特别喜欢的一位老师——中央民族大学教授蒙曼老师在她的《蒙曼说唐——长恨歌》中讲过一个非常有意思的故事。她说，过去的皇帝不是都上早朝吗？他们那个早朝可真早，早上五点来钟就上朝了，赶上咱们现在的上早班了。因为要赶着上早朝，所以大臣们就都得起得特别早，那些住得比较偏远的大臣甚至半夜就得起床，所以在上早朝的时候他们就难免会困，哈欠连天的。但是也有人不这样，这个人就是咱们都非常熟悉的唐代大诗人张九龄，写"海上生明月，天涯共此时"的那个人。张九龄不但是著名的诗人，在唐玄宗时期还当过宰相，是个高官。他无论晚上睡得多晚，早上起得多早，只要往朝堂上一站，整个人便精神抖擞、玉树临风。连唐玄宗都说，他上朝最爱看张九龄，因为一看到张九龄那么朝气蓬勃、意气风发，他自己也就跟着特别有精神了！

同样的道理，如果在听众当中有N多个张九龄式的人物在支持你，在向你投来鼓励的、信任的目光，那你的自信不就一下子也起来了吗？你不也就越讲越带劲了吗？既然如此，那么好了，我们在竞聘演讲的时候也找找自己的"张九龄"

不就可以了吗？怎么找呢？我个人认为，竞聘演讲和一般意义上的演讲还不太一样。一般意义上的演讲，演讲者有可能要面对很多陌生听众。而在竞聘演讲的时候，在绝大多数情况下，听众以本单位的同事居多，虽然演讲者不一定都认得，但里面毕竟有认识的，甚至有在工作中接触比较多、交情比较好的人，当然，还会有平时对我们比较认可、比较赏识的领导。那事情不就好办了吗？在刚上台紧张的时候，我们多看看这些人不就可以了吗？他们的微笑，他们鼓励的目光，不就如同亲友团、啦啦队在为我们鼓劲吗？而那些陌生的面孔，严肃的表情，审视的甚至挑剔的目光，我们暂时回避一下，先不看总可以吧？但是，大家也要注意，这里所谓的不看，只是暂时不看。当我们以在听众中找朋友的方法建立起自信，演讲顺利推进以后，我们还是要照顾全场，要用目光和全场的观众进行交流。因为有了前面找朋友的铺垫，所以在后面的交流中，我们就会多了一份从容、镇定与自信。至于在竞聘演讲中我们要怎么看听众、看多长时间等问题，在讲态势语的时候我再详细展开。

第 5 节
战胜困难靠自己——自我暗示法

什么是自我暗示呢？自我暗示是心理暗示的一种，关于自我暗示，心理学家的解释是：自我暗示就是给予潜意识一定的信息刺激，持续不断地向潜意识输送一定的观念，借此来影响和改变人们的认知与行为。可能会有朋友觉得这个概念有点绕，不是很好理解。如果咱们用大白话翻译一下，自我暗示实际上可以理解为自己"糊弄"自己，当然这个"糊弄"是带引号的，它不是贬义的。

怎么自己"糊弄"自己呢？我们举一正一反两个例子。如果你反复不断地在心里默默告诉自己，你很漂亮，那慢慢地你举手投足之间就会流露出一种优雅之气，你真的就漂亮起来了；相反，如果你认为自己很笨，什么都做不好，那久而久之还真的什么都做不好了，你就真的笨了。所以，心理学家把自我暗示分为两种，一种是正向的、积极的暗示，像我们说的第一种情况，认为自己很漂亮，这就是正向的暗示。那我们说的第二种情况，觉得自己很笨，对自己不满意，这就是负向的、消极的暗示。

看到这里大家肯定会琢磨，你说得也太玄了吧？想着自己漂亮就真的漂亮了？刘谦的魔术也没这么神吧？其实，这是有科学依据的。心理学家认为，人的意识分为意识和潜意识，我们自己能体会到的、感受到的，就是意识。比如咱们经常说的"我意识到了问题的严重性""我意识到你对我很重要"等等，我们能感觉出来的，都用"意识"这个词表示。除了我们能意识得到的，还有虽然存在但我们意识不到的信息，那就是潜意识了。比如，我们晚上睡觉做梦，那就是潜意识在起作用。心理学家告诉我们，潜意识是没有辨别能力的，无论是积极的还是消极的信息，你灌输了什么样的观念，潜意识就接受了什么样的观念。而且潜意识非常敬业，它一旦接受了你所暗示的信息，不用你督促，自己就开始积极地工作了。

潜意识通过自我暗示所发挥出的能量,是超强的、惊人的,甚至是不可思议的。世界潜能大师博恩·崔西说:"潜意识的力量比意识大三万倍。"所以,心理学家经常说要改变一个人,首先要从改变他的潜意识开始。为了让大家有一个更清晰、更深刻的认识,下面我给大家讲一个故事:

从前,有两位美国的心理学专家,他们对外宣称自己找到了一种绝对正确的智能测验方法。为了证明他们的研究成果,这两个人选择了一所小学的一个班级,为全班的学生做了测试,测试结束以后,他们批改了卷子,并根据孩子们的答题情况,挑选出了五名最优秀的学生,说他们是"天才儿童",将来的前途不可限量。这些孩子包括他们的家长当然是高兴坏了,老师对这些孩子也是刮目相看。

测试做完以后,大家兴奋了一段时间,慢慢地这个事情也就过去了,日子还是一天天地重复着,当年的孩子们也慢慢地长大。但是,心理学家可没忘记这件事。整整过了20年以后,追踪研究的专家发现,这五名当年所谓的"天才儿童",在社会上都有极为卓越的成就,他们真的成功了。换句话说,那两位心理学家的预言实现了。

这个结果太有轰动效应了,因为这件事以如此结果出现,无疑是在告诉人们,那两位心理学家的测验太准了,他们太神了。那以后谁家的孩子是天才还是平庸之辈,找他们一测不就全清楚了吗?事情有没有这么简单呢?这两位心理学家的测验真的这么灵吗?当然不是!就在大家非常热切地请那两位心理学家公布当年测验的试卷,想弄清其中奥秘的时候,他们不慌不忙地在众人面前取出一个箱子,这个箱子看来是好长时间都没动过了,上面积了厚厚的一层灰。这两位心理学家把箱子打开,告诉大家:"当年的试卷就在这里,我们完全没有批改,只不过是随便抽出了五个名字公布而已。不是我们的测验准确,而是这五个孩子的心意正确,再加上父母、老师、社会大众给予他们的协助,使得他们成为真正的天才。"

太不可思议了!心理学家仙人指路一样地随手一指,就缔造了五个"天才儿童",并使他们在若干年后成长为成功人士。为什么会这样?首先主要是因为这些孩子相信自己是"天才儿童",他们有了一个正向的自我暗示,始终给自己一个非常强烈的积极信号。再加上家长、老师以及亲戚朋友等对这个结论深信不疑,就为这些"天才儿童"的成长提供了一个非常良好的氛围。种种因素叠加起来,最后,这些所谓的"天才儿童"真的成了成功人士。

说到这,我想说点题外话。一开始我讲自我暗示是心理暗示的一种,心理暗示除了自我暗示,还有他暗示。比如,现在有的家长动不动就训孩子,"你怎么这么笨呢?""你真不是个好孩子!"家长可能只是说说而已,是盛怒之下的情绪宣泄。但说者无意,听者有心,这些话如果家长说得太多了,无休止地重复这些话,那久而久之,孩子就不自觉地接受了家长的这种暗示,他们对自己的评价就是我笨,我不是好孩子。所以,好孩子、坏孩子不是天生的,而是家长、老师以及环境塑造出来的。

其实,不光教育孩子需要正向的心理暗示,我们要想有效克服演讲紧张恐惧心理，更需要正向的自我暗示。在我辅导过的学员中，有不少人在竞聘演讲前经常和我说："想想竞聘演讲的场面，我腿就打哆嗦。"每当这个时候，我就会非常严肃地告诉他们："这种话不允许再说第二遍了！不仅这种话不能再说第二遍了，连这样的想法都不能再有了。"因为，这样的话每说一次，这样的想法每出现一次，我们就等于给了自己一个强刺激，告诉自己演讲可怕，我演讲紧张。这样一遍遍地刺激下来，最后紧张就成了你的习惯性反应，不紧张反而不正常了。

所以，凡是我辅导过的朋友，我都建议他们，不要过多地想象演讲的结果，如果控制不住非得要想，那么就多想一些积极的方面，多给自己进行正向的强化，千万不要用"竞聘演讲太难了""竞聘演讲太可怕了"，以及诸如此类的想法，自己吓唬自己。

想必有很多朋友都看过奥斯卡奖最佳影片《国王的演讲》。《国王的演讲》讲述的英国女王伊丽莎白二世的父亲乔治六世国王的故事。不论是作为乔治六世国王，还是作为此前的约克公爵，他都要经常性地向国民发表演讲。但是因为口吃，他前期的演讲几乎是一团糟。影片开始就有这样一个情节，当他一步步迈向演讲台的时候，给人的感觉是那样滞重，那样艰难，那样犹豫，那样恐惧。他经常说的话就是，下次的演讲还会被我搞砸，或让国民听我的无声演讲吧。毫无疑问，那时，他进行的就是负向的自我暗示，觉得自己根本讲不好，实际结果也确实不好。后来，他遇到了自己的语言矫正医生，医生不仅对他进行技术层面的矫正，更帮助他树立对自己的信心，使他相信自己是能够讲好的，最后，他成功了。虽然在演讲中的个别地方还会有瑕疵，但他对演讲的态度改变了，整个人的精神状态改变了，这些改变和正向的自我暗示是密不可分的。

我们的竞聘演讲无论规模还是重要性，肯定都不及国王的演讲，绝大多数朋友也不可能有口吃之类的语言障碍，所以只要我们像乔治六世国王一样，学会给自己做正向的暗示，竞聘演讲对我们来说，就不是难事。我在做竞聘辅导的时候，经常让他们做这样的自我暗示："我经过中国著名的演讲教练文若河老师的一对一辅导，我的演讲稿是最棒的，我系统地学过演讲，所以我相信我一定能讲好！"实践证明，这样做的效果非常好。

最后，我还要强调一点，那就是我们在进行自我暗示的时候，一定要有"坚信其一定有效"的心理准备，如果你一边做暗示，一边想着"这有用吗？""糊弄人吧？"，那这个暗示还是不要做了。因为你一旦怀疑结果，就会自觉不自觉地产生阻抗，就是在潜意识里，在你自己意识不到的情况下，对你的这个自我暗示施加反向的影响力，那你这个自我暗示的效果也就可想而知了。

第 6 节

最是面子输得起——厚黑无敌法

"厚黑"这个词是我从李宗吾先生的《厚黑学》中借鉴

过来的。在《厚黑学》中，李先生分析了人们熟知的曹操、刘备、孙权、司马懿、项羽、刘邦等人的成败原因，得出了"脸皮要厚如城墙，心要黑如煤炭"，这样才能成为"英雄豪杰"的结论。当然，其中的反讽味道是相当明显的。

在这里，我们不是讨论《厚黑学》。但是，我个人认为，如果想要有效克服竞聘演讲的紧张恐惧心理，我们不妨也"厚黑"一下。这话怎么理解呢？

在前面几节，我们分析了造成竞聘演讲紧张恐惧的种种原因。除了我们讲过的这些原因以外，人们害怕竞聘演讲还有一个不容忽视的原因，那就是怕讲不好丢面子、怕出丑。我接触过很多朋友，他们几乎都说过类似的话："我万一讲不好，那多丢人现眼啊，多没面子啊。"好多人正是由于走不出这个情绪的死结，所以竞聘演讲的时候就特别"紧"，声音也紧、态势语也紧、目光表情也僵硬，而且由于他们的情绪始终处于紧绷的状态，出错甚至出丑的概率反而会更高，这就是咱们常说的"越怕什么越来什么"。

接下来我们分析一下，出丑真的那么可怕吗？我告诉大家：出丑并不像我们想象的那样可怕，走不出出丑的阴影才真正可怕。为什么这么说呢？理由有二：

首先，从人性的角度分析，人们倾向于同情弱者。

演讲者之所以担心出丑，担心没面子，很大程度上不一定是害怕事情本身，而是怕出丑以后听众的嘲笑。他们脑海里会反复预演出丑以后人们指指点点、哄堂大笑的场景，越想越紧张。其实，这就有点自己吓唬自己的成分了。诚然，当你说错话或者失态后，可能会有听众笑，但这种笑是一种下意识的，不自觉的，听着好笑就笑了，是一种非常简单的第一反应，绝不是我们想象的嘲笑或者是讥笑。

而且，大家千万不要忘记，同情弱者是人的天性，你手忙脚乱已经非常尴尬了，这个时候的你是"弱者"，是"弱者"就会得到人们的同情。特别是竞聘演讲不同于其他的公众演讲，竞聘演讲的听众也不同于其他公众演讲的听众。在竞聘演讲中，听众类似于考官，他们或许会很严肃、很苛刻，但是不大可能对演讲者嘲讽讥笑，雪上加霜。我就曾多次经历过这样的场面，台上的演讲者忘词了，紧张得不行，脸憋得通红，这时台下传来的不是笑声，而是掌声，大家用掌声为演讲者加油鼓劲。

当然，竞聘是一项优中选优的活动，你讲得不连贯，忘词了，肯定会影响到你竞聘的结果。但是，你失去的仅仅是机会，而不是尊严，如果处理得好，你将会得到绝大多数听众的同情甚至是尊重。举个例子，在跑道上，赢得掌声最多的肯定是第一名，那与第一名掌声一样多甚至更多的呢？是被其他选手远远地甩在后面却能坚持跑到终点的人，虽然他可能是最后一名，但没有人因为他跑得慢而嘲笑他，相反会为他的顽强坚持而喝彩。只有那些还没上场就做逃兵的人，人们才会蔑视他们。

其次，出丑，表面看是坏事，但完全可以坏事变好事。

出丑很可怕，出丑是坏事，这是人们习惯的思维角度和思维方式。但是，如果我们转换一下角度，我们就会发现，出丑或许是好事，它完全有可能演变成一个展示个性风采的机会。我曾看到过这样一个故事：

美国的一位女演讲家，有一次她演讲的时候穿了一条长裤，非常不幸的是，在演讲的过程中，她裤子的拉链开了。一个著名的美女演讲家，在众目睽睽之下，春光外泄，这是很难堪的事情吧？很丢脸、很没有面子。更加不幸的是，台下有一个特实诚的听众，他在底下又打手势又小声嘀咕，善意地提醒她拉链开了。这样，以前没注意到这个小细节的人也注意到了，大家哗然。面对这样尴尬的情况，换作是你，你会怎么做呢？是不是想，找个地缝钻进去得了，丢人都丢到姥姥家了，以后还怎么在演讲圈里混啊！相信很多朋友都会这么想。但是，这位女演讲家可没这么想。因为她在讲课，身边有一块白板，所以她不慌不忙地转到白板后面，拉好拉链，整理好衣服，然后，从容不迫、笑容满面地走出来挥手和大家打招呼："嗨，我回来了。"这时，人们给她的是热烈的掌声。

本来是件很没面子的事，但她机智地处理好了，并且展现了从容、镇静、潇洒的个性风采，赢得了听众由衷的敬佩和喝彩。听众的掌声应该让我们悟出一个道理，那就是丢脸不是可怕的事情，出丑后走不出丢脸的阴影才是最可怕的事情。因为，我们每回顾一次或者假设着经历一次痛苦尴尬的场景，就是对我们心灵的一次摧残。所以，我们真的要脸皮厚起来，错就错了，出丑就出丑了，你能奈我何啊？只有发扬这种"厚脸皮"的精神，你的心才能"黑"起来。当然，我说的可不是黑心肝，不是对别人使坏，我指的是内心坚强起来、笃定起来。

在竞聘辅导的过程中，每当我和大家说起这些的时候，有很多朋友总会和我说，这个道理是对的，自己也理解了。但是，怎么去做呢？实际上，所谓的方法就隐含在这些道理之中，不是不知道该怎么做的问题，而是想不想做的问题。或许，下面这个小故事能带给我们一些启迪和思考。

从前，在一个村子里住着一个年轻人，他厌倦了平淡的波澜不惊的生活，想出去闯世界，到广阔天地去大有作为。临行之前，他去拜见村子里德高望重的长者。他对长者说，我就要出去闯荡了，海阔凭鱼跃，天高任鸟飞了，您看，您还有什么嘱咐我的吗？长者拿出纸笔写了三个字，微笑着递给年轻人，告诉他，路上再看吧。在离家的路上，年轻人打开了纸条，看见上面写的是"不要怕"！

"不要怕"这三个字也是我对大家的建议和忠告。我们现在的社会是一个多元化的社会，一个准则、一个标准的时代已经一去不复返了，社会公众对离经叛道的另类的容忍度越来越高。比如，芙蓉姐姐刚刚蹿红网络的时候，可以说是"听取骂声一片"，但现在已经有不少人去试着接受她的特立独行了，大家对她越来越包容了。特别是芙蓉姐姐减肥成功之后，不少女性朋友还把她作为励志偶像呢。我说这些的目的是告诉大家，芙蓉姐姐那么离经叛道的行为，人们都可以理解甚至接受，那么，我们仅仅在演讲中有了小小的失误、不经意的出丑,我们还有什么可怕的呢?只要我们不再怕丢脸了,不再过分关注他人的反应,我们就能为自己的心灵松绑,后面的问题也自然会迎刃而解。希望大家都有足够坚强的内心和智慧,使我们把前一秒的丢脸和后一秒的行动截然分开,让我们一起记住:"丢脸是上一秒的事,精彩就在下一秒。"

第二章 书写直逼人心的演讲文稿

> ……重点谈一谈如何准备竞聘演讲稿，我将从竞聘演讲的开场白、主体内容和结尾这三个方面来逐一讲解。

上一章讲到，进行必要的心理调试和心理建设，以相对放松的心态和自信的状态登台演讲，这是竞聘者首先要做到的，也是通向竞聘成功的关键一步。如果用毛泽东主席的话说，那就是"战略上藐视敌人"。咱们也都知道，与"战略上藐视敌人"相对应的还有一句话——"战术上重视敌人"。竞聘毕竟是大家职业生涯中的一件大事，我们必须在各个方面给予最充分的重视和最精心的准备。在这一章，我重点谈一谈如何准备竞聘演讲稿，我将从竞聘演讲的开场白、主体内容和结尾这三个方面来逐一讲解。

第1节
"四种方法"搞定开场白

提起开场白，大家脑子里肯定都有概念。开场白嘛，就是我们在竞聘开始时说的"那几句话"。没错,开场白就是"那几句话"。但是,开场白究竟应该说几句话才合适?这几句话又应该怎么说呢?这里面还是挺有学问的。

我先谈第一个问题:开场白要说几句话?

首先,开场白不能太短,如果开场白太简短,给人的感觉就是话说得很愣,听着不舒服;同样,开场白也不能太长,过于繁赘的开场白会喧宾夺主,淹没主体内容,也容易使评委产生审美疲劳。当然,我这里所说的"长"和"短"只是一个相对模糊的概念。能不能把它们进一步量化呢?根据多年的竞聘指导经验,我个人认为,将开场白的字数控制在整篇演讲字数的 10% 到 15% 之间是比较适宜的。我们可以换算一下,在通常情况下,竞聘演讲的时间一般是在 10 分钟左右(当然也有例外),按照平均每分钟 200 字的正常语速计算,一篇竞聘演讲稿应该在 2000 字左右,那我们的开场白讲二三百个字足矣。

那么,在这样一个篇幅容量内,竞聘者又该讲些什么呢?

在回答这个问题之前,我要再次强调一下讲好开场白的重要意义。实事求是地讲,在竞聘演讲中,无论是开场白、主体内容还是结尾,字字句句都相当重要,但在这其中格外重要的就是我现在讲的开场白和第三节要讲到的结尾,聪明的竞聘者都会在这两部分内容倾注更多的心血、精雕细刻。

为什么开场白如此重要呢?大家肯定有这样的体会,当我们和一个陌生人接触的时候,如果"第一眼"就对这个人有好感,那么我们就愿意和他交往下去;相反,如果开始就觉得这个人忒讨厌,那么自然就会和他保持距离。这就是心理学上讲的首因效应,也就是我们平时所说的"第一印象"。竞聘演讲的开场白,就是竞聘者呈现给评委和听众的"第一眼",是大家对你的第一印象。而且,竞聘演讲的听众和一般意义上的听众是不一样的,他们是带着"特殊任务"来的,说白了就是要"鸡蛋里挑骨头",就是要淘汰大多数。面对这样一群"横挑鼻子竖挑眼"的特殊听众,只有那些或新奇或感人或幽默或有力或激扬或真诚……总之是有独到之处的开场白,才能引起他们的关注,才能建立良好的第一印象,才能为后面的演讲铺平道路。

那么,什么样的开场白才能帮助竞聘者闪亮开场、先声夺人呢?根据多年的竞聘指导经验,我总结提炼了四种方法供大家参考。当然,竞聘演讲的开场白绝不仅限于这四种,但这四种是比较有效的。

第一种方法——标新立异。关于开场白,我总结了几个顺口溜,第一个就是:**"要想赢,说不同。"** 思路奇特、标新立异、"万绿丛中一点红"式的开场白是最有"杀伤力"的,相应的效果也是最好的,我给它五颗星。

我之所以强调开场白要标新立异,主要还是由竞聘活动本身的性质和特点决定的。咱们一直在说,竞聘是多人参与的活动(如果只有一个候选人,那就不是竞聘了,干脆直接委任算了)。正因为参与的人比较多,所以,竞聘演讲也势必要有一个出场的先后次序。现在问题就来了,如果你出场的次序比较靠后,在你前面已经有很多人演讲了,你想象一下评委这个时候的状态吧。他们是不是已经有些疲惫了?在他们疲惫的状态下,如果你还按部就班地、毫无新意地去讲,能刺激他们麻木的神经、让他们对你的演讲特别关注吗？显然是不能的。即使你出场的顺序不那么靠后，但如果你讲得太大众化，说一些俗套子的话，换了你是评委，你听着烦不烦？腻不腻？

开场白是竞聘者呈现给评委和听众的"第一眼"，如果这个"第一印象"不是很好，那接下来你就得花很大力气去扭转，对于绝大多数不是非常有演讲经验的竞聘者来说，这样做是"难于上青天"的。所以，竞聘者不如一上来就一锤定音、先声夺人。

我们如何才能实现开场白标新立异、与众不同呢？我个人认为，这主要要借助两种思维模式——逆向思维和质疑思维来完成。有朋友可能会问，这里边怎么还有思维的事呢？当然有了，语言是思维的外壳，咱们嘴里说的话就是脑子里的想法，是思维的外化，语言和思维是密不可分的。

先说逆向思维。逆向思维，学理上的概念比较抽象，咱们简单理解就是不走寻常路，反其道而行之。但是，我们绝不能将"反其道而行之"简单等同于颠覆别人的观点。比如，别人都说好，我就说不好；别人都说不好，那我就说好。如果这么"反"着来，那就成了抬杠了。逆向思维的实质就是不仅要和别人"反"着来，还要"反"得有理，最低标准是能自圆其说，比较高的境界是醍醐灌顶、发人深省，这样评委和听众的情感情绪才能被你撩拨得亢奋起来，你也才能顺理成章地使竞聘演讲进入佳境。

《红楼梦》中有一个非常典型的逆向思维的例子，我在这里顺带讲一讲，希望能帮助大家拓展一下思路。

话说有一年的春天，春光烂漫，美丽的大观园更是漫天飞花、春深似海。面对满天飞舞的柳絮，众姐妹诗兴大发，一首首吟咏柳絮的诗篇新鲜出炉。但是，这些诗作多带凄惨之意。因为柳絮无根，随风飘飞，飞到哪里算哪里，所以大家托物言志，抒发无依无靠、造化弄人的感叹，其中以林黛玉最甚。但是，有一个人却不是这样写的，这个人就是薛宝钗。正因为柳絮无根，可以一飞冲天，所以薛宝钗赞道："好风凭借力，送我上青天。"把那种凄凄楚楚的阴霾之气一扫而光，令大家拍案叫绝。

这就是咱们说的逆向思维的较高境界——醍醐灌顶、发人深省。

实际上，我在第一章讲心理调试方法时提到的"大胆蔑视"，也正是逆向思维的最好展现。那个叫孟翔天的装接工在开场白中非常自信地说，学历、荣誉和光环都不重要，态度和精神才是最重要的，说得非常到位，也非常有力度。而且，这其中还暗含着一个隐性赞美，就是赞美公司领导是开明的，是重能力的，是不拘一格选人才的。这个开场白就是一股清新的风，像这样的开场白想不给听众留下深刻的印象都难。因此，这个小伙子的最终胜出也就是意料之中的事了。

为了更好地帮助大家理解这种开场方法，我再给大家举一个例子：

尊敬的各位领导、各位老师、同学们：

大家好！

我叫李珍，是版画专业2007级本科生。我听说，今天将有157名伙伴和我一起参加竞争，而最终的人选只有15名，"15比157"，也许有人会说，这是一个多么残酷的数字啊，会有那么多人被淘汰。但我要说，这是一个最动人的数字，因为它最真切地昭示了我们当代大学生渴望献身祖国西部建设，让青春岁月激情燃烧的壮志豪情！所以，这个讲台不仅是激烈竞争的赛场，更是真诚倾诉心声的舞台！下面我就和大家说说我，说说我为何而来。

先说一下演讲背景，这是一个"准竞聘"演讲。当时，国家要从应届大学毕业生中挑选出一部分人去西部边疆任教。虽然参与者的身份和一般的竞聘有细微差别，但活动的性质是一致的，所以，我称其为"准竞聘"。

我们看看这位叫李珍的大学生是怎么在开场白中运用逆向思维、标新立异的。她是对"15比157"这组数字进行了否定，当大家都在感叹竞争残酷，录用的人数少的时候，她却说能有这么多人积极参加竞争，恰恰表现了年轻学子踊跃投身西部建设的一片赤诚，入情入理，真切感人，非常巧妙地用逆向思维的方式四两拨千斤，奠定了胜局。

下面，我们来看质疑思维。在口语交际范畴内，质疑思维最直接的表现就是提出问题，探本溯源。我们可以把质疑分为两大类：一类是实际质疑，就是提问者不知道答案或事实真相，希望通过提问了解；另一类是虚拟质疑，就是提问者知道答案或事实真相，但是为了增强表达效果、加深印象、突出强调等实际需要，而"明知故问"，在演讲（包括竞聘演讲）中的质疑多属于虚拟质疑。

记得著名主持人杨澜做过一个演讲，她在演讲中称自己是"靠提问为生"的人。想想也挺有道理的，主持人做采访可不就是要提问题吗。既然人家能靠提问为生，而且生活得那样精彩，那么，我们能不能靠提问为竞聘成功铺路呢？完全可以！

质疑（提问）有什么好处呢？质疑最显著的作用就是能有效调动评委和听众的积极情绪。人的思维有的时候是存在惰性的，评委和听众也不例外。虽然他们是带着任务在听演讲，但听的时间长了或千篇一律的话听多了，他们也会疲惫、也会犯懒。在这种情况下，他们的注意力往往就不那么集中了，精神就涣散了，意识也盲目了。这时候，如果演讲者提出一个问题，就好像给他们打了一针兴奋剂，让他们兴奋起来，集中注意力认真听演讲。

当然，这个"问"也是非常有讲究的，疑问是"问"，反问是"问"，设问也是"问"，究竟采用哪种"问"比较好呢？我个人认为，最好用设问——自问自答。我们来看我曾经辅导过的一个案例：

尊敬的各位领导、各位评委：

　　大家好！

　　这是我第三次参加竞聘，前两次都是以失败告终。相信大家都有这样的疑惑，在屡战屡败后，我为什么还要来？很简单，因为我是一个不怕失败的人，在我的人生词典里，没有"屡战屡败"，只有"屡败屡战"！更为重要的是，我热爱我们的公司，热爱我们的事业，营销经理对我来说是挑战，也是我竭尽全力为公司发展多做贡献的平台。所以，在连续两次失败以后，我第三次站在了这个讲台上！

我们看，在这个开场白中，竞聘者非常巧妙地提出了一个问题，那就是前两次竞聘都没有成功，自己为什么还有勇气来参加第三次竞聘。对于一般人来讲，面对一次次的失败往往会显得底气不足，屡败屡战更不是一般人能轻易做到的。所以，这样一个鲜明的问题所引出的对比足以让评委和听众凝神细听，再加上演讲者后面水到渠成的解释以及表现出的对事业的执着、对公司的热爱，使人顿生好感，良好的第一印象也就自然而然地建立起来了。

特别值得一提的是，我们应该能够体会出，对于一个两次竞聘两次失败的人来说，这段经历是不好回避的。既然不好回避，就不如勇敢面对。这位竞聘者勇敢地提出这个问题，轻而易举地就将自己的"劣势"转化为了"优势"，一个问题，一箭双雕。

刚才我给出的这个开场白，是设问，这是我们组织开场白的首选方法。当然，除了设问，演讲者也可以只提问题，不做回答，这个问题就作为贯穿整篇演讲的主线，让听众带着问题去听，演讲完毕后，答案自然也就揭晓了。用这种方法开场也不错，来看我曾经辅导的一个案例：

尊敬的各位领导、各位评委：

大家好！

今天，能够站在这里参加竞聘，我感到十分荣幸。我竞聘的岗位是财务处处长。在参加竞聘之前，我曾经问了自己三个问题：

1. 我为什么要参加这次竞聘？
2. 我凭什么参加这次竞聘，我的优势在哪里？
3. 如果竞聘成功，我能为公司做些什么？

我认为，回答好这三个问题，是我胜任财务处长工作的先决条件。下面，我就向各位汇报一下我对这三个问题的思考，希望我用"心"做出的回答能够得到大家的认可。

我们来分析一下这个开场白。实事求是地讲，这个开场白在文采上没有丝毫突出之处，语言直白得近乎平淡。如果没有提出这三个问题的特殊处理技巧，这个开场白绝对说不上好。但是，正是有了这三个问题，平淡的文字就有含义了，接下来，这三个问题将引领着评委和听众与竞聘者一起思考、一起探究。

更为重要的是，如果仅仅提问题，这个开场白还是显得有点干巴，这个竞聘者的聪明之处就在于在问题之后说了一句非常得体的话："希望我用'心'做出的回答能够得到大家的认可。"这句话传递了两个信息：第一，这些问题是在"我"心里掂量了又掂量的，"我"是用心思考的，这是一种表态，告诉大家"我"在态度上是认真的；第二，这是在争取大家的支持，说白了就是在拉票，但他这个拉票的方法太自然、太诚恳了，一点也不让人讨厌。这句话看似信手拈来，实际上是颇动了一番脑筋的。

第二种方法——**巧妙引用**。我给竞聘演讲开场白总结的第二个顺口溜是："最管用，巧引用。"我发现，尽管大家都知道标新立异的开场白最有冲击力，效果最好，但这种开场方法也不是万能的。比如，有的竞聘者可能一时无法找到非常新奇的切入点，如果勉强为之，为了标新立异而标新立异，反倒显得不自然；再如，由于受所在单位企业文化、所竞聘岗位要求等客观条件的制约，有的竞聘演讲也不能太别出心裁。在这种情况下竞聘者要如何开场呢？引用（主要是引用哲理名言、诗词名句等）就是一个很好的选择，我给它四颗星。引用有什么好处呢？

引用的第一个好处是可以使开场白更有力度，更有分量。我们想想看，短短的一个开场白，要在三言两语间引起评委和听众的注意，那么这些话就一定是有分量的。什么话最有分量啊？当然是凝结人类思想文化、智慧结晶的哲理名言、诗词名句了，用它们来做开场白可以增强话语的"浓度"，使开场白更厚重、更有内涵。

引用的第二个好处是好操作。相比其他的开场白，引用的方法是比较好学、比较好掌握、比较好操作的，演讲者只要把哲理名言、诗词名句等"复制粘贴"，并加以适当适度的引申发挥就可以了。

但是，我们也要注意，虽然"引用"这个方法比较简单，也不难掌握，但是我们也不能随便引用。在使用这一方法的时候，必须要遵守以下原则：

第一、内容切合原则。演讲者所引用的内容必须和竞聘演讲稿的内容高度切合，不能风马牛不相及，那样不仅不能给竞聘演讲增色，还会起到相反的作用。就我多年来的竞聘指导经验看，这个道理大家是清楚的，表面上的切合也是能够做到的，但真正做到内容的高度切合、水乳交融、天衣无缝就不那么容易了。举个例子，"推动你的事业，不要让事业推动你"，这是美国总统富兰克林的一句名言，好多人都喜欢在开场白中引用这句话。这句话看起来也和事业有关，但仔细琢磨一下，我们引用这句话要说明什么呢？这句话能帮助我们彰显怎样的思想和情感？答案很模糊。而且，正因为引用这句话的人多，评委和听众对这句话已经听烦了，产生审美疲劳了，这样根本无法达到引用的目的。所以，我建议在引用的时候我们要精挑细选，大家都在引用的、用烂了的话，咱们就不要再说了。

第二、熟知或易懂原则。在引用的时候，熟知或易懂，二者必居其一。

"熟知"比较好理解，就是演讲者所引用的内容必须是家喻户晓的，一说出来大家就能心领神会，就能引起共鸣。说到这，有朋友可能会想，你刚刚还说大多数人都在引用的内容我们就不要引用了，现在又说我们所引用的内容必须是大家都知道的，这不是前后矛盾吗？其实一点都不矛盾。我的意思是：哲理名言、诗词名句灿若星河，我们没有必要抓着那几句被别人用烂了的话不放，而要积极主动地去挖掘那些虽然大家都很熟悉但还没有在竞聘演讲中"泛滥成灾"的语句，说到底还是要求一个与众不同，只有这样你才能在众多的竞争者中凸显自己，博得一个"碰头彩"。

我们又该怎样理解"易懂"呢？在引用的时候，我们很有可能遇到这样的情况，有一句话我们觉得非常好，把这句话镶嵌在稿子里很合适，但这句话比较冷僻，不符合"熟知"的原则，那我们还要不要引用呢？甄别的方法很简单，虽然这句话可能大家不常听说，但说出来大家也都能听懂，那么就可以大胆引用，反之就不要引用，千万不要为了刻意营造与众不同的效果，而引用一些令人十分费解的语句。我们引用的目的归根到底只有一个，那就是只能而且必须为竞聘演讲服务。如果我们引用的内容是大家听不懂的，即使辞藻再精美、再华丽，说起来再声情并茂、再投入，又有什么意义？

第三、简洁原则。 这个原则最好理解，就是指演讲者所引用的内容不能过多，一两句话足矣。因为我们一上来就讲到了，开场白是有长度限制的，绝对不能太长，如果演讲者大段地引用，再加上与之相关的引申论述，开场白在长度上肯定是要大幅度超标的。

第四、性格切合原则。 每个人都有自己的性格特征，反映在语言上就是各自的语言特点。林黛玉吟诗我们听着很优雅，你让贾宝玉的爸爸贾政念《葬花吟》试试，那不是天大的笑话吗？同样的道理，我们在竞聘演讲中所引用的内容也要符合我们自己的性格和语言特点。如果你平时是一个很开朗很外向的人，就不要选择那些给人感觉故作深沉的语句；如果你平时是很斯文、很严肃的一个人，就不要引用太过幽默搞笑的语句。首先这样的话不符合你惯常的语言特点，你说起来会感觉别扭，怎么说怎么不顺嘴；其次，下面的评委和听众有可能是你的领导或同事，对你比较熟悉，你一下子转换语言风格他们也会觉得不适应，感觉你是在台上装腔作势，是在表演，我们千万不要给别人留下这么一个印象。

最后，我还要特别说明一点。在竞聘演讲中，我们除了可以引用哲理名言、诗词名句等，也可以做其他的尝试，比如引用经典歌词、幽默笑话、网络流行语等。事实证明，引用一些具有鲜活时代特征的语言，往往更能取得比较好的效果，正所谓"跟得上语言，才跟得上时代"。而且，你所引用的语言越鲜活，越有个性，才可以有效避免重复和人云亦云的尴尬。下面我们来看一个引用的实例：

尊敬的各位领导、各位评委、各位同事：

大家好！

记得著名文学家巴金曾经说过：战士是不知道畏缩的。永远奋斗，一直向前是战士的本色！我是军人出身，不断挑战和超越自我，永远向前是我对自己的要求！今天，在这句话的激励下，为了自己无比热爱的工商管理事业，我来参加省消委会副秘书长的竞聘……

这是我辅导过的一名工商管理干部竞聘演讲的开场白。在这个开场白中，竞聘者结合自己军人出身的背景，非常巧妙地引用了著名作家巴金先生"战士是不知道畏缩的"的名言，很自然地表达了自己干好工作、永远向前的勇气和决心，字字铿锵，声声入耳，开篇不俗，取得了非常好的效果。

第三种方法——借景抒情。我给竞聘演讲开场白总结的第三个顺口溜是:"要给力,先借力。""给力"是现在人们特别爱说的一个词,要想让竞聘演讲的开场白"给力",演讲者就要善于"借力",而借景抒情就是一种很好的"借力"方法。所谓借景抒情,我们简单理解,就是演讲者借眼前的景,抒发心中的情。"春有百花秋有月,夏有凉风冬有雪。"春花烂漫、凉风送爽、秋月朗照、飞雪飘飘……大自然的万千景色,都可以被借用来为竞聘演讲服务,有感而发,情景交融,我也给它四颗星。

运用借景抒情的方法开场,有非常明显的三个好处:

一是现成。演讲者直接拿过来就可以用,不需要花费太多的心思去寻找。

二是直观。演讲者一说出来大家立刻可以心领神会,演讲者和听众之间更容易产生共鸣。

三是灵活。所谓灵活,就是演讲者沿着正向或逆向思维的路径进行阐发都说得通。咱们举个例子。按照一般的习惯,好天气是用来烘托好心情的,比如,诗句"春风得意马蹄疾,一日看尽长安花";而凄惨的景物是用来衬托坏心情的,像我们都熟悉的"枯藤老树昏鸦,小桥流水人家,古道西风瘦马。夕阳西下,断肠人在天涯"。满目凄凉的景色,更加突显了断肠人在天涯的凄惨境地。但是,这里就有一个问题了。大家来竞聘,肯定是踌躇满志的,是积极主动志在必得的,哪有你不想来也得来、绑票竞聘的事情啊。按说,这种"天生我材必有用"的积极心态与晴空万里的景象映衬才相得益彰。可老天爷不总是那么慷慨,人家没义务配合我们,如果遇到恶劣天气演讲者是不是就"杯具"了呢？非也！在这种情况下，如果演讲者还想用借景抒情的方法开场，那么就可以采用逆向思维，沿着反方向去寻找答案。来看我辅导过的一名会计科副科长竞聘演讲的开场白：

尊敬的各位领导、各位评委、同志们：

现在正值隆冬季节，天气非常寒冷。但站在这个讲台上，我却感到无比温暖。因为，我看到了大家热忱和鼓励的目光！谢谢大家……

很明显，这是一个反用天气、巧解妙说的案例。竞聘者通过看似矛盾的寒冷和温暖的对比，表达了自己对领导和同志们热情鼓励的感谢，自然、真诚、不着痕迹，靠着这简短但充满真挚情感的话语，很自然地将竞聘演讲引向深入。

可能有朋友会说了，这个例子不具有普遍意义，如果是夏天，骄阳似火怎么办？还能借景抒情吗？能啊，很好办。我们用炎热的天气衬托自己执着拼搏、在工作上有所建树的热切之情不就可以了吗？如果是阴天呢？天气阴沉的时候，我们不妨这样说："此刻窗外阴云密布，但大家鼓励和信任的目光却让我的心中充满明媚，谢谢大家！"通过这些小例子，我想大家已经理解了，借景抒情的"景"，我们可以正着用，也可以反着用，只要能衬托出我们正向的积极的情绪就可以，非常灵活。

最后，请大家注意，以上示例只是一个参考，并不是唯一的标准答案，在竞聘演讲实践中，大家可以沿着这个脉络并结合彼时彼地的具体情况去尽情发挥。

第四种方法——自我介绍。我给竞聘演讲开场白总结的第四个顺口溜是:"**最保险,谈自己**。"所谓"谈自己",就是在开场白的三言两语间,做一个既简单又颇具创意的自我介绍,惟妙惟肖地勾勒出演讲者的特点,有血有肉、可触可感,给评委和听众留下深刻的印象。可能有朋友会问,按照竞聘演讲稿的写作程式,自我介绍应该在开场白之后,现在我们把自我介绍作为开场白,是不是违背了竞聘演讲稿的写作程式呢?这样做可不可以呢?我告诉大家,这样做是完全可以的,至于原因,我会在下一节中讲到。

以自我介绍的方式开场,既可以独立使用,又可以作为防止与其他演讲者"撞稿"的备选方案,进可攻、退可守,我给它五颗星。

首先,如果竞聘者觉得咱们前面介绍的这几种开场方法都不太合自己的胃口,或者不好表述、不好出新,那么,你还可以直接以自我介绍的形式开场,通过对自己精心的、恰到好处的刻画,来强化评委和听众对你的印象。如果从这个角度分析,那么,咱们前面讲的那位装接工的开场白,也可以算做是以自我介绍开场。所以,我经常说,一个好的开场白,能从不同的角度给我们以启迪。

其次,大家都知道,竞聘演讲怕平淡,更怕雷同。问题是,尽管我们在小心翼翼地避免着雷同,但一种好的方法,不仅你喜欢、你用,其他人也喜欢、也会用。如果先于你出场的竞争对手使用了你也采用的开场白,这个时候你该怎么做呢?当然,你可以什么都不做,他讲他的,待会儿上场你该怎么讲还怎么讲。这样做不是不行，只是太消极、太被动了，在竞争意味极为激烈的竞聘中，这种无为而治的做法是不会有好结果的，我们必须主动求变。

但是，遇到这种情况，大部分人脑子早就蒙了，即使明知道要变，也不知道该怎么去变了。所以，最稳妥的做法就是提前准备一个备选方案，一旦"撞稿"了，临时更换就可以了。那么，最不会和别人"撞稿"的开场白是什么啊？就是自我介绍了。"世界上没有两片完全相同的树叶"，也没有两个完完全全相同的人，所讲的内容，越能突显自己的特点，就越不会和别人重复。下面，我们来看一个以自我介绍开场的案例：

尊敬的各位老师、各位同学：

大家好！

我是软件学院的陆远，陆地的"陆"，永远的"远"。我感谢父母为我起了这样一个名字。它让我时刻铭记，做人要脚踏实地，执着追求，永远向前！今天，正是这一信念激励着我走上这个属于强者的讲台，来参加学生会主席的竞聘。现在我最想对大家说的就是：请相信，我能行！

这是一名大学生竞选学生会主席演讲的开场白。在这个开场白中，这位叫"陆远"的同学，巧妙地将自己姓名（陆地的"陆"，永远的"远"）和脚踏实地、执着追求的性格特征有机地融合在一起，既突出了自己的特点，又没有牵强附会的痕迹，使听众自然而然地就记住了这个独一无二的"陆远"。

在这里我顺便说一下，姓名释义的方法是一种非常重要的，也是非常有效的介绍自己的方法。怎么进行自我介绍呢？我给大家介绍一种通用的、简单易学的方法：先说清楚自己叫什么名字、分别是哪几个字，再解释一下自己名字的特殊含义，最后再联系具体工作实际进行引申。这样就比较完满了，有兴趣的朋友可以试一试。

至此，我们讲解了竞聘演讲开场白的四种方法。我个人认为，从追求最佳表达效果的角度分析，这四种方法应该是首选方法。当然，我在前面也提到了，竞聘演讲开场白并不局限于这四种方法，比如，有的朋友喜欢用"感谢"的方式开场，有的则喜欢非常低调、非常谦虚地开场，我们来看一个例子：

尊敬的各位领导、各位评委、各位同事：
　　大家好！
　　能有机会参加这次竞聘，我感到非常荣幸，也非常激动。在这里，我要感谢各位领导为我们提供了这样一个展示自我、公平竞争的机会，谢谢大家！

这个开场白只谈了感谢，除此之外，没有再进行其他的阐述。然后就进入主体内容了。这样开场行不行呢？当然不能说它绝对不行。如果我们不是专门谈竞聘演讲，而是换作其他类型的公众演讲，只要语境没有问题，以"感谢"做开场白应该说是一种非常不错的选择。但是，我个人认为，在竞聘演讲中，如果仅仅以一两句感谢的话作为开场白，在情感表达上略显单薄，不能说不好，只能说不够好，当然这是见仁见智的事情。还有，如果前面的很多人在说"感谢"，你上来也说"感谢"，就一点新意没有了，也就很难吸引评委。这些是我个人的见解，供大家参考。

第 2 节
"三个一"串起主体内容

竞聘演讲和其他类型的公众演讲相比，既有共性又有区别，竞聘演讲最大的特点就在于它有固定的内容和写作程式的要求。

众所周知，一般类型的公众演讲，演讲者只要不偏离演讲主题，没有明显失当的言论即可，至于在演讲中（在这里主要指演讲的主体部分）要讲哪些内容，先讲什么后讲什么，他们是有权自己决定的。但是，对于竞聘演讲来说，演讲者可以自由裁量的余地就比较小了。竞聘演讲的特殊性，尤其是对演讲者了解、考量、评价的客观要求，实际上已经决定了演讲者在演讲中必须要谈哪几方面的内容，甚至先讲什么后讲什么都是有一定之规的。那么，竞聘演讲的主体部分究竟要谈哪些内容呢？各部分内容之间是什么样的先后顺序？各部分之间又以什么方式巧妙地连接在一起呢？下面，我们就来具体研究这些问题。

一、主体内容的"三个一"

在绪论中我们简单提过，竞聘演讲的主体内容可以归纳为"三个一"，即"一幅自画像""一封自荐信""一篇策划案"。这"三个一"贯穿于整个主体内容。在下一节我们要讲到结尾，在结尾部分应该还会展现出一个"一"，就是"一份承诺书"——承诺、保证自己一定能做好工作，不辜负大家的信任和期待等，这实际上是一个表态，是一种决心，它更多地出现在结尾部分，当然也有人在主体部分就做了这样的表态，这也未尝不可。但对于绝大多数的竞聘演讲来说，主体部分重点还是"三个一"。

我们先说"一幅自画像"。"自画像"是一个比较形象的说法，所谓的"自画像"实际上就是一个简单的自我介绍，是竞聘者对自身客观情况的基本描述。我们都知道，"自画像"当然是画得越像越好，而演讲者的自我介绍当然就是越真实越好。这话听起来可能有些多余，因为竞聘演讲中的自我介绍不外姓名、年龄、政治面貌、职称、受教育程度以及工作经历等等，非常客观，绝大部分人都是能保证其真实性的。我说绝大部分人能，那势必就意味着还有一小部分人不能。确实，我接触过一些竞聘者，他们因为觉得自己在某些条件上不太占优势，为了增强获胜的可能性，于是就爱搞点小动作，我说他们是"聪明反被聪明误"，因为"群众的眼睛是雪亮的"，你没搞小动作之前，或许仅仅是条件稍差，是客观上的欠缺，但你搞了这个小动作之后，可就不仅是客观上的欠缺了，还有主观上的故意弄虚作假，这就涉及到人品问题了。人品问题可是大事，在竞聘中，因为品质问题被淘汰掉的事例屡见不鲜，这样的傻事咱们不要做。当然，如果你觉得自己的条件确实有点勉强，大可采用我们第一章中所讲的"劣势利用法"，大胆蔑视客观条件上的不足，向评委和听众展现一个洒脱自信的你，这比偷偷摸摸地搞一些小动作要管用一百倍。

说到这里，我还要解释一个问题。在通常情况下，竞聘者的自我介绍是出现在主体部分的，但是为了表达上的特殊需要，或者为了追求与众不同的效果，自我介绍的内容也允许出现在开场白部分，既做自我介绍又当开场白，此前我们举过这样的例子。只要大的原则没有问题，我们就不必拘泥于哪个必须在主体部分说，哪个必须在开场部分说这样的小问题。但是，必须注意的是，如果你想用自我介绍做开场白，那么，你的自我介绍就必须是独特的，有亮点的，能让评委和听众印象深刻的。否则，还是另选开场白为妙。

我们再看"一封自荐信"。咱们都知道一个词，叫"毛遂自荐"。其实竞聘演讲就是"毛遂自荐"——我就认为我最合适、最胜任工作，我自己推荐自己，同时说服评委和听众认可我、选择我，竞聘演讲说到底就是这个意思。既然如此，那么我们就要充分说明理由，就要告诉大家你为什么合适，你有哪些优势。这个不是"可以有"，而是"必须有"。所以，我们在谈自己优势的时候，不要羞羞答答，想说又不好意思说，"犹抱琵琶半遮面"。相反，我们要大大方方地说，因为这不是在自我吹嘘，而是尽自荐人的一份责任，我们有义务详细说明、详细介绍，让评委和听众更了解我们，使他们做出的判断更有依据、更准确。

最后我们看"一篇策划案"。"策划"什么呢？当然是策划你所竞聘岗位的具体工作，也就是你对工作的具体设想。咱们都知道《三国演义》中刘备"三顾茅庐"的故事，也知道诸葛亮那篇著名的《隆中对》，《隆中对》实际上就是一个策划案。在还没有出山之前，诸葛亮就经过缜密的研究和思考，设计出了魏蜀吴"三分天下"的政治路线图，并在以后辅佐刘备实现了"三分天下有其一"的政治梦想。在竞聘稿中，我们也要像诸葛亮那样对自己所竞争的岗位的具体工作进行一番细心的策划，在头脑中对工作进行设身处地地"预演"，并拿出与众不同、行之有效的方法。这是竞聘演讲稿中最重要的一部分内容，也是我们在竞争中最可靠的获胜基础。可以想一想，如果一个人在台上空喊"我一定要做好工作""我一定能创造辉煌的业绩"，但就是没有怎么做好工作、怎么创造辉煌业绩的具体方法，那么评委和听众能信任他吗？当然不能！

说完这"三个一"，我想大家应该更清楚了，竞聘演讲，最终的目的是说明、证明和说服，是通过摆事实、讲认识、谈设想、拿举措，向评委和听众说明"你"是什么样的人，"你"凭借什么样的优势和能力来担当此"任"，你会为工作带来哪些促进、变化和改善，你将怎样比其他竞争者更出色地担当此"任"。这些内容绝对都是不可或缺的。如果缺少了这些要素，你向评委和听众所做的陈述就是不完整的，人家就不可能对你有一个比较全面的了解，你获胜的可能性就会大打折扣。

当然，也有一些用人单位，基于方方面面的原因，不要求竞聘者这"三个一"面面俱到。比如，有的用人单位会采取结构性考评的方式，全面衡量竞聘者的工作能力和优势，所以，在竞聘演讲中对优势介绍的部分就不予要求，而是主要阐述工作思路。再比如，也有的用人单位希望更多地了解竞聘者对岗位的认知和理解，对工作设想的要求相对会弱一些。如果遇到这种情况，竞聘者要严格按照本单位的要求去做，而不必纠结于这"三个一"。但是，就我多年的竞聘辅导经验看，出现上述情况的概率是相当低的。

既然这"三个一"是必不可少的，又是十分重要的，那我们要如何去讲这"三个一"呢？

二、书写"三个一"应遵循的原则

第一个原则，近大远小。大家都有体会，我们在看物体的时候，远处的物体显得小，近处的物体显得大，这是一个透视上的规律。把"近大远小"嫁接到竞聘演讲稿的写作上，主要有两层含义：

一是时间跨度上的近大远小。这个比较好理解。参加竞聘的人，或多或少都有着一定的人生经历和事业经历，但是演讲的时间却是有限的，一般情况下，竞聘演讲的时间是十分钟，也有的单位把竞聘演讲设定为五分钟，还有的甚至更短。要在这么短的时间内说好上面讲的那"三个一"，确实不是一件容易的事。所以，我们必须要在材料的选择上有所取舍，不能面面俱到，首先时间上就不允许。那怎么办呢？我们应该重点介绍近期的情况，比如自己最近的工作情况、业绩情况等要多用一些笔墨，以往的求学经历或者工作初期的成长进步情况等，则可一笔带过。我看过不少朋友的演讲稿，他们过分追求"很细很全面"，经历从中学甚至小学就开始写起，十年前的工作业绩都罗列在上面，非常庞杂，这样的稿子评委和听众听起来非常容易疲劳，效果不会好。近期的情况多做介绍，以往的经历简单描述，这就是时间跨度上的近大远小。

二是关联程度上的近大远小。什么是关联程度上的近大远小呢？这个主要是指和你所竞聘岗位联系紧密的情况要多谈，关联不大的要略谈或者不谈。举一个例子，比如，你要竞聘的是"文案"这个岗位，那么在介绍自身优势的时候，你就要围绕着"文案"这个岗位的实际要求来介绍。你或许有很多方面的优势，比如文学功底深厚、文字驾驭能力强；工作严谨细致、条理性强；懂财务、懂营销；等等。那很显然，懂财务、懂营销和"文案"这个工作岗位的要求关联度不大，我们介绍的重点就应该放在文字驾驭能力强、工作细致等方面。再比如，如果你竞聘的是市场营销岗位，那么你在谈工作设想的时候，重点内容就应该是怎么样提高市场份额、扩大销售、服务客户、提升业绩，而如何提高产品质量、如何加强团队建设等问题则没有必要大讲特讲。

第二个原则，虚实结合。由于竞聘演讲在要点内容方面的固定要求，就导致了不少竞聘者的稿子有可能出现相似甚至雷同的现象。我给大家举个例子。"经验是最好的老师"，这句话很多人都知道，而且不少人还将它奉为经典。的确，对于职场人士来说，丰富的工作经验是一笔非常宝贵的财富，所以，在介绍自身优势的时候，大家都不可避免地要拿工作经验来说事，于是乎你也工作经验丰富，他也工作经验丰富，千篇一律。如何避免这种千人一面的尴尬呢？教大家一个方法——用事实说话法。就是通过列举和陈述事实的方法，描绘出一个有血有肉的你，使你"工作经验丰富"这个虚的或者说空的概括性结论，有所依托，这就是虚与实的完美结合。

当然，这只是我们举的一个小例子。实际上，在竞聘演讲中，凡是在这种说张三也行，说李四也可以的，"放之四海而皆准"的概括性描述后面，都必须有张三就是张三，李四就是李四的事实做依托，这两部分是相辅相成，缺一不可的。因为，如果只有事实，没有概括，评委和听众听起来就会感觉头绪不清，比较混乱。相反，如果没有事实，只有概括，那就会显得非常空洞，缺少了真实的、可触可感的成分。只有这两者有效地结合起来，才能取得比较好的演讲效果。

第三个原则，积极昂扬。这是我经过反复思考以后，新提出来的一个原则。我认为，无论是什么风格的竞聘演讲，不管是偏严肃的、还是偏幽默的，它们的主基调都应该是积极昂扬的，是阳光的，这一点是非常重要的。因为，在我辅导的竞聘者中，我发现有那么一部分朋友，或许太渴望成功，太想赢得所竞聘的岗位了，这种过于执着的心态反而成为禁锢和束缚他们思想和行为的枷锁。反映在竞聘演讲稿上就是犹犹豫豫，字斟句酌。他们总是想，这句话该说吗？那句话说得太尖锐了吧？我如果这么谈工作领导会不会不赞成呢？弄得自己像初进贾府的林黛玉一样，不敢多说一句话，不敢多走一步路,唯恐出现什么差池。他们这也不敢说,那也不敢讲,改来改去,删来删去,把有性格、有特点、有新意、有血性的话都删掉了,因为他们觉得这些话都不妥当。那剩下的话妥当是妥当了,但也势必只剩下那些谁也不能说不好,但谁也不能说好、缺乏新意、暮气沉沉、哼哼唧唧的官话、套话了。这样的话当然肯定是不会错的,但是也肯定没有人爱听,是"受累不讨好"。

所以,在写稿子的时候,不要说那些无关痛痒的官话、空话、套话,要在竞聘演讲这有限的时间内多展现你积极、阳光、进取、与众不同的方面,让评委和听众切切实实地感受到自己在聆听一个有朝气、有思想、有作为、有血有肉的人演讲,这对我们在竞聘中获胜尤为重要。

第四个原则,诚实信用。诚实信用原则在前面曾经提过,在讲第一个"一"——"一幅自画像"的时候就说过,自我介绍,当然也包括优势介绍等等,要客观真实,有一说一,有二说二,不能添枝加叶,肆意渲染。记得大诗人海涅曾经说过:"生命不可能从谎言中开出灿烂的鲜花。"我给它改头换面一下,我们的职业生涯同样不可能从谎言中开出灿烂的鲜花。诚实坦白、光明磊落是做人之本,也是立业之本,这点没有商量的余地。

需要说明的是,这四个原则虽然是放在主体部分来讲的,但这些原则应该是贯穿在整个竞聘演讲活动之中的,只不过在一篇竞聘演讲稿中,主体部分所占的分量最重,所以,我们把这些原则安排在这部分进行重点讲述。

另外,基于竞聘演讲自身固有的特点,在书写和讲述这

"三个一"的时候，我们还应该遵守一个约定俗成的规定，要先为自己画像，再介绍自己的优势，最后再阐述自己的工作思路，即"三个一"的先后顺序最好不要颠倒。可能有朋友会认为，这样的规定太死板，都是这么一个模式，评委听着该多腻啊。而且，既然我们反复强调在演讲中要张扬个性，那么，为什么又如此看重顺序呢？这是有其内在原因的。大家想一想，如果我们非得不按顺序来，我就先谈工作设想，让评委和听众上来就知道我对工作是多么有想法，然后再谈我有能力胜任这个工作岗位，这样行不行呢？我认为，这样做是不行的，因为它不符合一般大众的认知习惯。评委和听众的惯常思维习惯是：先确定你有资格去做，然后再确定你有没有能力做好。你现在上来就说你有能力做好，有点强加于人的味道，评委和听众会想，我还不知道你胜任不胜任工作呢，你怎么上来就谈工作思路呢？这不合常理。我们在"三个一"的顺序上就不要张扬个性了，在这方面还是按部就班最保险。

三、如何写好"三个一"

明确了"三个一"的内容和原则，现在我们来研究一个比较艰巨的问题——如何写好"三个一"。

下面，是一个竞聘演讲稿的基础模板，在我的演讲课程中，我把它叫做"演讲一阳指"，有兴趣的可以了解一下。接下来，我们对照着这个模板进行讲解。

标 题

*****（称谓）：

大家好（或类似的问候语）！

***（开场白）。

***。（"三个一"之自画像）

**。（"三个一"之自荐信）

***。（"三个一"之策划案）

**。（结尾）

我的演讲完毕，谢谢大家！（礼貌用语，不是结尾）

很显然，"三个一"部分是主体的全部内容，是我们要重点讲解的。另外，我认为，有必要顺带将标题、称谓等以前没有涉及过的内容简单讲一下。

先来看标题。竞聘演讲的标题有三种写法：

第一种是文种标题法。这个"文种标题法"听着挺唬人的，实际上却相当简单。如果我们演讲的标题只有"竞聘演讲稿"这几个字，再无其他内容，那么，这个标题就是文种标题。我个人不喜欢这类标题，太没意思了。

第二种是公文标题法。公文标题法也比较简单，它由两部分构成，即"岗位＋文种"。比如"关于竞聘张嘴就来演讲力训练机构企业内训部总经理的演讲""中国工商银行客户经理竞聘演讲"等，就是公文标题。这种标题也不用费太大的心思，是目前大多数竞聘者普遍采用的拟订标题的方法。

第三种是文章标题法。我比较青睐文章标题法，因为它比较有文采，而且通过这个标题可以反映出竞聘者的态度、价值取向，折射出竞聘者的心路历程，非常鲜活。而且可以为结尾的处理留有余地（关于这一点，在结尾部分会讲到）。文章标题怎么拟定呢？我建议大家采用主副标题的方法，主标题点明中心，追求文采，副标题采用我们刚说的第二种"公文标题"的方法就可以。像"态度决定一切——电信公司客户经理竞聘演讲稿""我为何而来——学生会主席竞聘演讲稿""用心做到最好——会计科长竞聘演讲稿"等，都是文章标题，与前两种标题形式一对比，谁优谁劣一目了然。

在这里，我还要教大家一个小窍门。如果我们的竞聘演讲采用文种标题或者是公文标题的形式，我们可以说顺手就写出来了，一点都不用动脑筋。但是，如果我们采用文章标题的形式，那就要麻烦一些了，特别是在拟定主标题的时候，往往需要苦思冥想，有的时候还未必能想出满意的标题。为了避免一上来就卡在标题上而浪费很多宝贵的时间，我们不必非得按部就班地先写出标题，然后再写正文。主标题可以先空着，当完成整篇稿件以后，我们对讲稿的中心内容以及非常迫切要表达的思想情感，就有了更深切的体会，这个时候我们返回头来再拟订主标题，就会轻松很多，也会容易很多。这样拟订出的标题才能更好地反映讲稿的中心内容，更具穿透力和感染力。

还需要说明的是，如果单位没有规定竞聘演讲稿需要上交，那么标题可以不写，如果单位规定竞聘演讲稿要以书面的形式上交，最好有标题。在竞聘演讲的时候，标题一般是不需要讲出来的。

接下来，我们简单谈一谈称谓。与标题相比较，称谓就更加简单了，因为它有着非常固定的内容，一般是"尊敬的各位领导、各位评委、各位同事"。我们在称呼的时候，把台下各类听众都照顾到了就可以了。当然，也有一些特殊情况。比如，这是一个政府主导的大型而且非常重要的竞聘活动，要进行电视直播的，那么我们在称谓里还要加上"各位观众"，这样才礼貌周到。同样的道理，如果竞聘的规模比较小，台下只有评委，我们把其他项的称谓去掉就可以了。在具体操作的时候究竟是加还是减，要根据当时的现场情况确定。

称谓之后我们要问好。在竞聘演讲稿的模板中我标出来了，这是一个程式化的问候语，一般常说的有"大家好""上午好""下午好"，最好不要忘了。

除了这些内容，接下来就是开场白了。开场白的重要性，以及怎样写好开场白我在上一节已经讲过了，我们直接谈主体。

我们知道，听众坐在下面听演讲和阅读文章的感受是不一样的。由于听演讲听不出明显的段落之分，为了避免我们演讲的内容显得太突兀和生硬，不好理解，我们必须要做好段与段之间，上文与下文之间的衔接和照应。

衔接之一：开场白和主体内容的衔接。在竞聘演讲稿中，我们要做的第一个衔接就是开场白和主体内容之间的衔接。

在绝大多数情况下，竞聘者会将自我介绍安排在主体部分，讲完开场白之后接着就是自我介绍。竞聘演讲的开场白，包括下一节要学习的竞聘演讲的结尾，是整篇稿件中感情色彩最为强烈、文采最为突出的部分，其他部分则多以分析陈述为主。所以从感情色彩强烈的开场白转到陈述性的自我介绍，我们不能转得太突然，要注意衔接自然。最常见的衔接语句有："为了便于大家对我有一个比较全面的了解，我先简单介绍一下自己的基本情况""接下来，我先介绍一下自己的基本情况，使大家对我有一个初步的了解"，以及诸如此类的语句。当然，如果评委、听众与演讲者之间彼此非常熟悉、非常了解，我们再这么一本正经地衔接就显得做作和不自然了，如果遇到这种情况，我们可以说："今天在座的都是我的老领导、老同事，大家对我是非常了解的。"用这句话过渡到一个简单的自我介绍，如"我 *** 年来到咱们部门，*** 学历、** 职称、先后从事过 *** 工作，等等"。至于叫什么名字、多大年龄还是不要说了，大家都清楚，没必要絮叨。之所以要再说明一下你的学历、职称等情况，是因为这些和竞聘有直接关系，介绍一下是告诉大家你参加竞聘的硬件条件是符合的。

那么，如果演讲者和听众之间不甚熟悉，自我介绍该包括什么内容呢？姓名、年龄、职称、政治面貌、现岗位（职务）、学历以及简单的求学经历和工作经历。需要说明的是，第一，在介绍姓名的时候，为了让大家听清楚，也为了让大家有一个比较深刻的记忆,我们最好对自己的姓名进行简单解释,比如,我们可以这样说:"我叫吕博文,双口吕,博士的博,文化的文。"这样大家听着也清楚,也便于记忆。第二,在做自我介绍的时候,人称一定要用"我"。为什么要强调这一点呢?因为我发现很多人在讲稿中喜欢用"本人"这个词,本人大本学历,本人35岁等等。我建议大家不要用"本人",因为这个"本人"怎么听都有点傲慢的味道,让人感觉不舒服。第三,按通常的处理方法,在自我介绍中应该包括求学经历和工作经历情况,比如什么时间到什么时间在哪里上学,或者什么时间到什么时间从事什么工作,等等。但是,也有的竞聘者把这些作为事实部分,放到自身优势里去讲,这样也是可以的。

衔接之二:自我介绍和自身优势的衔接。做完自我介绍,我们又会遇到第二个衔接,那就是自我介绍和自身优势之间的衔接。

怎么从一般性的自我介绍过渡到对自身优势的阐述呢?我们可以这样讲:"今天,我之所以满怀信心地来参加这次竞聘,是因为我觉得凭借以下优势我完全可以胜任这一工作……"或者说:"来参加竞聘之前我曾经问过自己,你能行不能行?经过反复思考,我认为我能行!因为,我具备以下优势……"这样就能比较自然地过渡到对优势部分的阐述。当然,我提供的只是例句,大家可以直接把例句拿到自己的稿子里用,也可以以这些例句为参照进行适当的变化。

既然我们的行文已经到了自身优势的介绍部分,那我们就来看看优势部分应该怎样阐述。

首先，如果竞聘演讲的时间比较短，只是一个三五分钟的演讲，那我们的优势介绍就不要很长，否则，你留给演讲"重头戏"——工作思路的时间就会少得可怜，整篇稿子也会显得头重脚轻。事实上，三五分钟以内的演讲，我们用一个小自然段或几句话介绍自己的优势就可以了。在这一个小的自然段或几句话中，你可以分出第一小点、第二小点、第三小点进行介绍，也可以不分条进行叙述，我们看一个例子：

我是一个表现还不错的学生。入学两年来，我从满足于不挂科到获得单科奖学金，学习成绩在稳步提高。与此同时，我还积极参与各项活动，获得过校园辩论赛最佳辩手、优秀团干部等荣誉。我是一个喜欢"张罗"的学生，能为大家做点事我很开心。想想我参与组织的游戏、flash设计大赛以及其他院系活动，还是小有成就感的。伙伴们对我的评价是：这小丫头还有点鬼点子。我厚着脸皮笑纳了。我猜老师们对我的表现和工作也还总体满意吧。这就是我，一个平时爱说爱笑爱玩爱闹，做起事来又认真负责的小女生。

这是一位竞选学生会主席的同学在介绍自己的优势。在这个介绍中，这位同学没有第一、第二、第三地罗列自己的优势，而是用了"我是一个什么什么样的学生"的并列句式，简单几笔把一个开朗活泼又认真负责的可爱女生的形象勾勒出来，效果还是非常不错的。

如果竞聘演讲时间稍微长一些，比如是十分钟左右的演讲，那我们自身优势的介绍就可以丰满详细一些。在这种情况下，我们最好提炼出几个关键点，概括出几个好的小标题，然后分标题进行介绍，一个标题引出一个小的自然段。根据我多年竞聘辅导的经验，我认为在优势介绍方面，可以重点介绍以下五项内容：

第一，对工作的热爱。以前咱们受的教育是"干一行爱一行"，很有点先结婚后恋爱的味道，比较被动。实际上大家都很清楚，一个人只有真正发自内心地热爱工作，他才会非常投入，才能千方百计地克服种种困难和障碍把工作做到极致。如果你"一个月总有那么三十几天不想上班"，那你怎么能有激情去投入工作呢？

讲到这里，我想起一个小故事：

> 有一位记者路过一个建筑工地，看到工人们正在挥汗如雨地工作，他做了一个随机采访。他问一名工人："你在做什么啊？"那个人没好气地说："我在砌砖。"记者又去问另一名工人："你在做什么？"那名工人回答说："我在赚钱！"当记者问到第三名工人他在做什么的时候，那名工人挺自豪地回答："我在建造世界上最美的楼房。"后来，第三名工人成了一位著名的建筑设计师，而另外两个人依然是建筑工人。

这个故事告诉我们，虽然为了生存我们必须要工作，工作是我们谋生的手段，但你满心热爱地去从事一项工作和你消极地去做一项工作，那结果肯定是不一样的。所以，我一直在告诉大家："热爱是基础。"如果你是公务员，是教师，是医生，等等，那这份热爱就尤其重要也尤为珍贵。当然我所说的热爱是真实的，而不是应景式的"作秀"。如果你真的发自内心地热爱自己的工作，那么就充满自豪地告诉大家吧！

第二，丰富的工作经验。这个在前面我就提到了，经验对职场人士来说是非常重要的。因为，有经验就意味着你对工作不生疏，你上手就快，能很快进入工作状态，并能在工作中打开局面，取得成绩。前文提到，"热爱是基础"，那经验是什么？"经验是保证"，丰富的工作经验是我们在竞争中获胜的一枚很有重量的砝码。如果你对所竞聘的岗位有丰富的经验，那么就不要吝惜你的笔墨了。

第三，卓越的工作能力。咱们刚才说了"经验是保证"，有丰富的工作经验，你站在讲台上演讲底气都显得足。但是，这里也存在着一个问题，如果你是跨行业（跨部门）竞聘，你所竞争的是一个你并不十分熟悉的工作岗位，工作经验自然是谈不上了，这时候你是不是就没有优势可言了呢？也不是！虽然我们在工作经验方面或许没有优势，但是我们可以引导评委和听众把注意点转向你的能力，比如卓越的领导力、执行力、适应力、沟通协调能力、工作拓展能力、学习提高能力、表达能力等，这些都是工作中的必备能力，有了卓越的能力可以弥补工作经验方面的欠缺。一个能力出众的人面对自己不熟悉的工作，也能很快地进入状态，所以我说："能力是依托。"这是第三方面的优势，也是需要我们用心捕捉的自己身上的闪光点。

第四，优秀的人品。有一个词我想大家肯定听说过，叫选贤任能。"贤"指的是品德，"能"代表的是能力，现在选拔领导干部也讲究德才兼备。由此可见，品德永远是最重要的，崇高的理想情操以及优秀的人品，是竞聘中一个至关重要的因素，在行文上我们可以把"良好的人品"作为第一条竞争优势，也可以放在后面，但从评委和听众的角度，人品永远是第一考虑的要素。

第五，良好的情商。大家都知道，衡量一个人优秀不优秀，不仅要看他的智力水平，还要看他的综合素质，也就是说光智商高是不够的，还要看情商。特别是在现代职场，一个人是否自信、是否豁达，是否能够忠诚企业、是否能够感恩客户，是否具备抗挫能力，能不能与他人友好相处，是否具备团队合作能力……这些都是十分重要的，如果我们具备这些优势，应该积极地去展示出来，这都是我们的加分项。

那么，这五个方面是什么关系呢？应该说，这五个方面不是排他的，而是"兼容"的。也就是说，不是你介绍了自己有丰富的工作经验后就不能再说自己有卓越的工作能力，也不是你说完自己人品优秀以后，就不能再说自己情商较高，如果你这些方面的优势都具备不是更好吗？但是，这里有一个原则，那就是诚实守信，有一说一，有二说二，自己有的优势要大胆大方地去展示，自己没有的优势不要去人为地杜撰，这是我们优势陈述上的一个"底线"，不能破了这个"底线"。

衔接之三：自身优势和工作思路的衔接。陈述完优势，在主体部分就剩下工作思路没有谈了。很自然的，从自身优势到工作思路，还需要一个过渡性的语句进行衔接。要怎么过渡呢？我认为，以"自己对工作岗位的认识"进行过渡是比较自然也比较好掌握的方法。

在竞聘辅导实践中我总结了一下，有的单位在竞聘要求中，很明确地提出了在稿件中要谈谈对所竞聘岗位的认识，有的单位则没有这方面的硬性规定。我个人认为，无论单位有没有这方面的要求，我们在演讲稿中涉及一些对竞聘岗位的认识都是很有必要的。

但是，这里边就有一个问题了。有朋友们肯定会想，你一直在说主体部分要讲"三个一"，现在又多出一个对所竞聘岗位的认识，这又该算做哪一部分内容呢？其实，这个非常好处理，我们把对工作岗位的认识作为竞聘优势和工作设想之间的衔接性语句，作为一个过渡处理一下就可以了。我们来看一个例子：

……俗话说："兵马未动，粮草先行。"我认为，生活服务科的工作，正是保障学校教育、教学工作顺利进行的"粮草官"。未雨绸缪、躬身服务、淡泊名利、无私奉献是我们工作的主基调。今天如果承蒙大家的厚爱，我竞聘成功，我将更加严格要求自己，戒骄戒躁，全力以赴做好以下工作，开启我校生活服务工作新的辉煌……（接下来就是工作思路了）

这是一位竞聘学校生活服务科科长的朋友从自身优势到工作设想的过渡。这个过渡不仅非常自然，而且在思想认识上也有一定的高度。一般的竞聘演讲，大家都可以尝试以简单阐述自己对工作认识的方法，串连起自身优势和工作设想两部分的内容。

当然，如果用人单位在竞聘要求中，非常明确地提出要竞聘者详细阐述对所竞争岗位的认识，那么，我们就不能再像以上例子中讲得这么凝练了，而是要展开来详细谈。如果没有十分明确的要求，像这个例子一样从宏观上谈，然后过渡到工作思路就可以了。

下面，我们来谈主体部分最后的也是十分重要的一项内容——工作设想。事情往往就是这么奇怪，大家都知道工作设想非常重要，都知道它是竞聘演讲的关键，也都非常想找到一个有效的处理方法，但是很遗憾，这一部分是我最无话可说的，让大家失望了。

我为什么无话可说？解释一下，不是真的无话，而是在工作设想上确实没有一个可以格式化的统一的标准可谈。因为，大家所竞聘的岗位是不一样的，一个岗位有一个岗位的标准和要求，你用校长的工作思路去指导护士长的工作，用客户经理的方法去干总经理的活，那非乱了套不可。如果你给我一个确定的岗位，我是可以给出一些工作设想方面的建议的，但是让我提炼出一套可以应对任何工作岗位的模式，我还真没那么大本事，估计神仙也做不到。在这里，我只能给大家一些建议。

第一，认真阅读单位下发的《竞聘通知》。在第一章我说过，《竞聘通知》不是一个简单的文件，它的字里行间都是有内容的。实际上，我们可以把《竞聘通知》作为一个指引，其中的任职资格规定，就是对竞聘者硬件方面的规定，而岗位职责说明和规范，则可以引导着我们对该岗位的工作有一个比较清晰的把握，我们阐述自己的工作设想时，可以围绕这些说明和规范来展开。

第二，尽可能多地搜集相关岗位的资料。也许你是跨行业或者跨部门竞聘，对所竞聘的岗位没有工作经验，但"他山之石，可以攻玉"。现在不是有句流行语吗？"外事不决问百度，内事不决问谷歌"。我们可以上网多搜集一些所竞聘岗位的信息，包括该岗位同行的工作计划、工作总结等我们都可以用来分析和参考。注意，我这里所说的可是参考，而不是要你把人家的东西复制粘贴过来，那样做非砸锅不可。你只是通过阅读这些参考资料，洞悉人家的工作脉络，然后加入自己的思考，提出自己的工作设想和工作思路，这样才有实用性和针对性。

第三，寻找共性，灵活应对。虽然我们所竞聘的岗位可能五花八门，工作设想和工作思路势必不同，不可能出现千人一面、一套工作思路适用于所有工作岗位的情况。但是，我们也要清楚，凡是拿出来竞争的岗位，有相当多都是管理岗位，虽然职位有高有低，但还是有共性的。针对管理岗位，在工作设想的第一条，我们最好能站在一个全局的高度，对所负责部门的整体管理工作做一个总的阐述，描绘一下在你的领导下部门的工作状态是什么样子的。如果你竞聘的是副职岗位，那最好再加入服从领导，协调好与正职的关系等语句，使自己的陈述严谨得体。谈完这一条，再谈你对工作的具体设想，也就是说第一条是管理和制度层面的，接下来要谈的是实际操作和日常业务层面的。最后再谈严格要求自己，不断加强学习，提高工作能力方面的。这样就是一个比较得体的层次安排了。

另外，还有一点需要提醒的是，请注意小标题的拟定最好要对仗工整。很显然，我们谈工作思路的时候不能条理不清，眉毛胡子一把抓，而是要逐条逐条地去谈。所以，每条最好都要有一个小标题，提炼出你所要阐述的问题的核心和精华。这个小标题最好是对仗工整的，甚至是押韵的，这样你好讲好说，朗朗上口；听众好懂好记，印象深刻。

工作思路讲完了，下面该是结尾了。那有朋友可能会问了，工作思路和结尾要怎么衔接呢？且看下节分解。

第3节
"三句话"编织精彩结尾

编筐编篓重在收口。一个精彩的、收束有力的结尾，不仅可以把演讲推向高潮，而且会产生超乎想象的震撼效果。经验丰富的演讲者都会在结尾部分倾注更多的心血，对结尾内容精益求精。我们必须要重视结尾，竞聘演讲这最后的"一哆嗦"一定要出彩。

一、好的结尾是成功的保证

竞聘演讲需要一个好的结尾，好的结尾可以起到两方面的作用：

（一）提升演讲质量

在开场白部分，我讲了首因效应原理。与首因效应相对应的还有一个概念——"近因效应"。"近因效应"指人们越晚接受的信息，印象就越深刻。

我给大家讲个小故事。故事的主人公是清朝著名将领曾国藩。曾国藩当年曾经在战场上连吃败仗，"输得就剩下裤衩了"。眼看着到了年底，曾国藩得向皇帝汇报工作啊，可他这一年的工作做得实在是丢人。没办法，只好硬着头皮写，他的汇报里有一个词——"屡战屡败"。曾国藩手底下有一个师爷，很聪明，是个能人，他看到这个词，就告诉曾国藩，您这么写不行啊。曾国藩说，那要怎么写呢？师爷说我给您改改吧。师爷大笔一挥，将曾国藩写的"屡战屡败"改成了"屡败屡战"。这么改好不好呢？应该说，改得太好了！别看只是字序的简单调整，所传递的信息可大不相同。经他这么一改，一个意志坚定、不畏困难、越挫越勇的大将军形象就跃然纸上了。为什么会有这样的效果呢？因为第一个词最后强调的信息是"败"，败是什么？是无能！而第二个词强调的是"战"，"战"体现的是什么？是勇敢！意思差别非常明显。虽然清代的师爷没有接触过现代心理学的"近因效应"原理，但他却在实践中对"近因效应"进行了最好的诠释。

在竞聘演讲中，结尾部分是听众最后听到的内容，根据"近因效应"原理，听众对这部分内容印象是最深刻的。正因为印象深刻，所以结尾讲好了，就可以提升整篇演讲的质量。下面，咱们分两种情况进行分析：

第一种情况，假设我们的开场白很吸引人，演讲的起点不低；主体也非常详实，工作设想说得头头是道，那么，评委和听众对我们的总体印象应该就已经很不错了。在此基础上，我们一鼓作气，再加上一个收束有力的结尾，那不就锦上添花了吗？这样的演讲怎能不获得满堂彩呢？

第二种情况，退一步讲，假设我们的开场白或主体部分略有瑕疵，或是有一些"硬伤"，但结尾却非常精妙，那么，根据"近因效应"原理，听众会很自然地记住了结尾的精彩，而忽略、淡忘了前面的不足。听众"记住了该记住的，忘记了该忘记的"，那么，我们整篇演讲给人的总体印象也会是不错的。

所以，无论从哪种情况分析，好的结尾都能提升演讲水平，增强演讲效果。

（二）提升个人形象

从演讲者个人形象的角度出发，也非常需要一个有震撼力的结尾，在引爆听众情绪、把演讲推向高潮的同时，演讲者完美谢幕、全身而退。

还是那句话，演讲和写文章不同。写文章，作者面对的读者是不特定的，而且作者与读者之间是有缓冲的。如果有读者认为你文章写得不好，也很少有机会当面指出。而演讲呢，恰恰搭建了一个演讲者与听众零距离沟通的平台。如果你的演讲不够精彩，特别是如果结尾部分不能有效打动听众，实际上你就给自己出了一个巨大的难题，听众对你的不认可、不欣赏会非常直接地通过他们的目光、表情，甚至行动表现出来。如果出现这种情况，演讲者在台上该是何等尴尬！要知道，没有掌声的谢幕固然是难堪的，但在零星的、象征性的掌声中下台则更是毁灭性的。它不仅会重创演讲者的自信心，而且会直接影响到演讲者的形象，甚至影响竞聘的成败。

综上所述，好的结尾对竞聘演讲极其重要，竞聘演讲没有一个好的结尾是万万不行的。

既然结尾如此重要，那么，什么样的结尾才能算是一个好的结尾？我们怎样做才能写好结尾呢？

二、竞聘演讲结尾的"三句话"

写好竞聘演讲的结尾，重点要写好"三句话"，我们来看下面的写作模板：

*************************************（承接句）***（中心句）*******************************（结束句）

从模板中我们可以很明显地看出，结尾的"三句话"包括承接句、中心句和结束句。当然，所谓"三句话"是带引号的，是一种形象性的说法，在实际演讲中，有的内容可能不止一句，有的也可能只有半句。下面，我们逐一进行分析。

（一）承接句

在主体部分，我重点讲了要点与要点之间要怎样转换和衔接，但是，由主体部分的工作思路过渡到结尾内容的衔接我没有讲,这个衔接就是要由承接句去完成的。承接句的作用就是"收束上文、导出下文"。

有朋友可能会有这样的疑问,既然竞聘演讲有固定的程式,大家都知道讲完工作思路肯定就要结尾了,那么,主体部分和结尾之间的衔接,即承接句我们可不可以省略呢?

我建议大家最好不要这样做。首先,如果你在主体部分没有刻意交代自己的工作措施具体有几点,而只是笼统地说:"我上任以后将全力以赴做好以下工作……"那么,究竟哪一点是最后一点听众是不清楚的,这个时候,你如果再省略了承接句,演讲本身的层次就不是很清晰了。省略承接句就会影响表达效果。另外,我反复讲过,竞聘演讲最能突显感情色彩的内容,大部分集中在开场白和结尾,在最该浓墨重彩、尽情发挥的地方我们怎么能省略呢?这不是浪费资源吗?再说得严重点,不能对自己不负责任。

在我另一本著作《非同寻常的演讲力》中,我提出承接句有三种类型,分别是艺术型、朴素型和迷你型。演讲者可以根据不同的语境和自己的演讲风格,选择使用。具体到竞聘演讲的承接句,我首推艺术型。

第一种——艺术型的承接句。所谓"艺术型",主要强调的是承接句要有语言的美感、韵律感,有文采,有感情,这样可以在相对比较正规、比较严谨的竞聘演讲中刮起一股小小的"艺术风"。

艺术型的承接句有着各种各样的表现方式,我研究出来四种,在这里我重点介绍两种。

一是引用。我们在讲开场白时曾经重点讲过引用。引用的方法不仅适用于开场白,也适用于结尾,引用名言、诗词名句、流行语包括歌词等做承接句也是相当"出彩"的。如果我们再拓展一下思路就会发现,实际上在演讲的主体部分,也可以适当穿插一些引用。比如,在谈工作思路的时候,如果我们想强调自己今后要关注工作细节,一丝不苟地做好工作,那么,我们完全可以这么说:有道是"细节决定成败",在今后的工作中,我也要关注细节、严谨细致、一丝不苟……别小看这个引用,它会使我们的演讲更有内涵,更上档次。

总之,引用是一个非常重要同时也非常有效的方法,在整个演讲过程中都可以择机使用。特别是结尾的承接句,引用是首选。下面,我们来看一个例子。这是我辅导过的一位竞聘"退休职工管理科科长"职务的学员,其承接句是这样的:

印度大诗人泰戈尔说过:"花的事业是甜蜜的,果的事业是珍贵的,那让我干叶的事业吧,因为叶总是谦逊地垂着它的绿荫。"……

我们来分析一下这个承接句。我个人是非常欣赏这个承接句的。首先,竞聘者引用的内容非常好,泰戈尔的这段话大家耳熟能详,能引起听众的共鸣。而且,这些诗化的语言非常优美,也容易融入演讲者的感情;最为重要的是,这个岗位是"退休职工管理科科长","退休职工管理科"是以行政服务为主要职责的科室,正像是默默地衬托着红花和鲜果的绿叶,这样一个引用非常巧妙地表达了竞聘者甘于奉献、甘于平淡的情怀，意境深远，令人回味。

二是对偶。对偶句由于对仗工整，朗朗上口，能很好地营造演讲的意境之美和语言的韵律之美，所以，也常用来做承接句。来看一个我辅导过的一位学员的例子。这是一位工作了十多年的机关干部，要竞聘审计处副处长，他的承接句是这样的："朝夕耕耘，盼春华秋实；十年磨砺，为大展宏图。"我们看，在这个承接句中，"朝夕耕耘""十年磨砺"实际上是对以往工作的一个高度浓缩和概括；"春华秋实""大展宏图"则非常强烈地表达了竞聘者希望成就一番事业的迫切愿望，感情真挚、铿锵激昂，让人听着觉得非常带劲。

引用和对偶，是比较常用的承接句形式，但绝对不是说其他的方式就不可以使用。比如我就听到一位朋友以一个简短的设问做承接句，效果也很好。在竞聘演讲实践中，大家要开动脑筋，要敢于标新立异。应该说，承接句没有绝对的标准，只要是能巧妙连缀起演讲内容，有美感，听众听起来顺耳、舒心的句子，就是好的承接句。

接下来，再和大家讨论一个小问题。有的朋友喜欢在承接句之前加上称谓，就像我们上面举的那个例子，他们会这样说："尊敬的各位领导、各位评委，朝夕耕耘，盼春华秋实；十年磨砺，为大展宏图……"也有的朋友习惯把称谓加在承接句之后，他们会这样说："朝夕耕耘，盼春华秋实；十年磨砺，为大展宏图。尊敬的各位领导、各位评委……"那么，称谓究竟应该放在哪里呢？

我个人认为，放在哪里都可以，都有道理。放在承接句之前，可以使演讲的层次和脉络更加清晰，听众听得更清楚；

放在承接句之后，可以更加突出承接句，而且和后面的中心句连接起来也更加流畅。我个人更倾向于将称谓放在承接句之后，大家可以根据竞聘演讲的实际情况灵活掌握。

第二种——朴素型的承接句。看名称我们就可以想象出来，朴素型的承接句没有华丽的辞藻，比较直白，就像泥土一样朴素无华。相对于咱们前面说的"艺术风"，朴素型承接句刮的就是"自然风"。

为了便于大家理解，我先简单介绍一下在一般的公众演讲中，朴素型承接句的表现形式。朴素型承接句比较典型的句式有："这就是我对****问题的粗浅认识""关于****问题，我今天就谈到这里""以上就是我今天汇报的主要内容"等等。采用这种承接方式，其语境多为比较正式严肃的会议，这样的会议要求演讲者言简意赅，有一说一，讲究效率，不能拖泥带水，也无须渲染感情。像一般的布置工作、汇报工作、研究讨论问题等，采用这种类型的承接句是比较好的。

如果我们把这样的句式套用到竞聘演讲的承接句，那就应该是："尊敬的各位领导、各位评委、各位同事，以上就是我今天竞聘演讲的主要内容。"或者："尊敬的各位领导、各位评委、各位同事，这就是我关于***工作（所竞聘岗位）的思考。"当然，还有很多与之类似的变形模式。

显而易见，这样的承接句，其语言脉络和组织形式是基本固定的，因此它非常好掌握，演讲者可以不假思索，拿过来就用。但是，我们也要意识到，朴素型的承接句是一把双刃剑，简单、好掌握固然是它的优势，但是，也正因为它的语言简单朴素，所以就不会很生动，语言的张力明显不足。

在我一对一辅导的竞聘演讲者中，我一般不建议采用这种方式。但是，万一由于各种各样的原因没有时间对演讲稿精雕细刻，或者虽然准备了一个比较好的承接句，但很不幸在演讲中忘词了，那么，朴素型的承接句就是演讲者的"最后一根救命稻草"，在万般无奈的情况下，有这么一个承接也算聊胜于无吧。

第三种类型——迷你型的承接句。一看"迷你"两个字，大家肯定就明白了，这样的承接句比较短。短到什么程度呢？迷你型的承接句虽然名义上叫"句"，实际上只是一个词、一个短语，三两个字、四五个字而已，像"最后""接下来""综上所述""以一言蔽之"等。和朴素型承接句一样，迷你型承接句适用于工作报告、述职报告、总结发言等一般意义的公众演讲，具体到竞聘演讲，它也是万不得已的选择，能不用尽量就不用，道理咱们就不多谈了，前面已经讲得很清楚了。

在竞聘辅导的过程中，有朋友曾经和我探讨过一个问题：可不可以把称谓归为迷你型的承接句？我认为，在通常情况下，称谓就是称谓，承接句就是承接句，二者不能混为一谈。但是，在特殊情况下，称谓也可以暂且充当承接句使用。比如，有的竞聘演讲，给的时间非常短，相应的演讲稿的篇幅也短。在非常有限的文字容量内，如果再整一个非常长的承接句，倒显得不是很协调。这个时候，我们不妨干脆就用称谓作承接。

(二) 中心句

从结尾的示意图我们可以非常清晰地看出，中心句在结尾部分所占的篇幅是最大的。如果我们把竞聘演讲的结尾比作一个纺锤型，那么"中心句"就是纺锤中间突起的部分，是结尾部分的"老大"，它最主要的作用就是升华主题、深化主题、烘托气氛。一个好的中心句，必须要符合以下要求：

第一，语言凝练，不拖泥带水。这个比较好理解。中心句虽然在结尾部分所占比重比较大，但它毕竟只是结尾的一部分。一般的竞聘演讲，结尾充其量也就是一个小自然段，有的甚至更短，如果中心句拖拖拉拉讲起来没个完，必然会增加结尾的长度，这一增势必就会有一减，减的就是结尾的冲击力和震撼力。说个小笑话。我接触过一位领导，他们单位的员工都特别怕听他讲话，为什么呢？因为他习惯于在结尾部分横生枝节。他惯常的承接句是："最后，我再强调一下……"这一"强调"就是"天上一脚，地上一脚"，没完没了。时间一长大家就知道了，领导所说的"最后"并不是"故事的结束"，而只是漫漫长路的开始。大家想，听众都如此揶揄你的讲话了，你讲话还能有吸引力吗？在竞聘演讲中，大家虽然不至于像这位领导这样夸张，但中心句不简洁、不凝练的问题还是时有发生的，这一点大家一定要注意。

第二，内涵丰富，具有冲击力。听众是"善忘"的。有人做过统计，一场演讲听下来，听众能记住百分之二三十的内容就已经相当不错了。也正因为如此，所以，在结尾部分，再具体点说就是在中心句部分，演讲者必须要把演讲的核心内容、重点内容、表达主旨等进行突出强调，使听众想忘都忘不了。化学上有个术语叫"提纯",而中心句就是我们对整篇演讲的"提纯",是高度的概括、提炼和升华。我们可以打一个比方,如果说竞聘演讲中的其他内容是群星,那么,结尾的中心句就是光华四射的明月。无论是内容的含金量,还是语言的冲击力都应该是最强的。

那么,中心句应该怎么组织呢?我还是先介绍一下一般的公众演讲中心句的组织方式,在介绍的同时遴选出竞聘演讲中心句的最佳组织方式。

在一般的公众演讲中,演讲者可以有四种方法去组织中心句。

第一种方法——总结式。总结式有点类似老师讲课。一般情况下,老师在下课前几分钟都会再梳理一遍这堂课的知识点,以加深学生的印象。在公众演讲中,演讲者也可以采取这样的方法,在中心句中重复演讲的要点,进行提纲挈领的概括和总结,目的是为了让听众记住这些要点。比如,有一位老板的演讲是这么结尾的:"最后,我再重申一遍,加大对老客户的回访力度,组织好十一黄金周的促销,开拓东北市场,这三件事就是公司近期重中之重的工作……"这就是一个典型的总结式的中心句。由此我们也可以发现,总结式的中心句,更适用于会议发言、情况介绍、说明陈述等语境,并不适用于竞聘演讲。在竞聘演讲中,我们的自身优势和工作设想都是分条介绍的,总结的时候总结哪个啊?不好摆布。最重要的,还是因为这样总结缺乏文采和感情色彩,不吸引听众。所以,竞聘演讲,我们不要采用总结式的中心句。

第二种方法——号召式。号召式就是以激扬热切的语句向听众发出号召，引导听众达成共识或凝聚大家的力量去完成某项任务。我个人认为，号召式的中心句虽然很有气势，很煽情，但它也不太适用于竞聘演讲。为什么这么说呢？我给大家举个例子。我曾经辅导过的一位新上任的制片主任，他就职演讲的"中心句"是这样设置的："愿我们都像雄鹰一样翱翔天际，更愿我们能像雄鹰那样面对困难，百折不挠，勇往直前，把我们的全部力量，奉献给党的电视事业！"很明显，他通过"愿……更愿……"这样递进的句式，向下属发出了号召。由此我们就很清楚了，这样的讲话语境和竞聘演讲的语境是有出入的。竞聘者站在演讲台上，最重要的是要展示自己、推介自己，是没有"资格"去号召听众的。

可能有朋友会说，你这么说也不尽然吧？有很多人竞聘演讲时是用过号召式的中心句的。含蓄一点的有："请大家给我一个平台，我定能还大家一个精彩！"直白一点的像："请大家投我一票！"这不都是号召吗？我认为，这样的语言，说它是一种表白、一种诉求、一份心愿，甚至说是演讲者自负的流露都可以，但绝不可以把它作为号召。这样的句子可以在结尾出现，但绝不可以在结尾的中心句出现。因为在没有任何铺垫的情况下甩出这样的句子，不仅非常怪异，而且听众听着也别扭。那么，它应该出现在哪里呢？我稍后再讲。

既然以总结式和号召式作中心句都不合适，那什么才合适呢？

第三种方法——决心式。我个人认为，竞聘演讲的中心句，最适合的形式莫过于决心式，理由有三：

第一，决心式的中心句符合要求。大家都有这样的体会，我们在表决心的时候都会不自觉地说得慷慨激昂一些。而这种激扬的情绪正契合了对中心句的感情要求。

第二，决心式的中心句突出重点。前面讲过了，我们不可能在结尾部分把前面所讲的内容再重复一遍，而只能对要点进行提炼和升华。我们分析一下，站在领导包括评委的角度，他们最希望选拔一个什么样的人？当然是积极努力工作的人，他们可能并不一定全盘记住你的工作设想和工作举措，但是你的工作态度以及对工作的信心他们必须要有一个深刻的印象，那表决心在这里就是必须的了。

第三，决心式的中心句感染力强。实际上，说了前两个理由，这第三个理由也就顺理成章了。大家想想看，当演讲者非常激扬、非常恳切、非常郑重地表明自己的决心时，听众又怎能不为之所动呢？

下面，我们来看一个例子。这还是我辅导过的竞聘"退休职工管理科科长"那位学员的演讲片段。在前面，我们已经领略了他的承接句，现在，我们再来学习一下他的中心句。为了方便，我们把承接句和中心句连起来看。

尊敬的各位领导、各位评委，印度大诗人泰戈尔曾经说过："花的事业是甜蜜的，果的事业是珍贵的，那让我干叶的事业吧，因为叶总是谦逊地垂着它的绿荫。"（承接句）我也甘愿做一片平凡的绿叶，团结和带领退休管理科的全体员工，勤奋敬业、努力工作，为退休人员送去我们的真诚关爱，使他们能够颐养天年！（中心句）……（结束句）"

这个中心句并不长，但字字都说得太好了。好在哪里呢？首先，语言文字连接得非常舒畅。在引用完泰戈尔的诗之后，立刻表明了自己甘愿做一片平凡的绿叶、无私奉献的心迹。其次，含义深刻。众所周知，离退休管理部门的工作既繁琐，又平淡，还不落好，演讲者以绿叶自比，表明他对这一工作的性质是了解的，是甘愿付出的，而且在"为退休人员送去我们的真诚关爱，使他们能够颐养天年"的表述里，一方面表明了自己的决心，另一方面再一次强化了自己对本职工作的理解和定位，可以说是字字千钧。

由这个例子我们还能得到一个重要启发。虽然决心式的中心句不可避免是要表决心的，但我们也最好不要单纯地用"我一定努力工作，请大家看我的实际行动吧"等通用的、放之四海而皆准，但就是没有实质内容的语句，而必须要联系具体的工作岗位进行展开和阐述。因为，你说的通用，大家的理解势必也"通用"，表达效果就不好了。只有注重挖掘更深层次的内涵，升华演讲的主旨，才能实现表达含义和表达效果的倍增。

第四种方法——启发式。所谓启发式，就是用有分量的语言把主体部分所讲的内容进行提炼和升华，形成鲜明的观点，给听众以启发，留下更加深刻的印象。打个比方，总结式的中心句是平面上的罗列，是横向的，我都讲了什么，在结尾部分再总结强调一遍；而启发式的中心句就是立体上的挖掘，是纵向的，我讲了这么多，咱们有什么启示呢，提炼出一个核心的观点。

如果单从这个角度看，启发式的中心句似乎也不太合适。

演讲者似乎也不太有"资格"去启发评委和听众。如果以启发者的姿态出现，那演讲者就是主动的了，而评委和听众反倒成了被动的了，这和演讲者是被审视、被挑选的实际就南辕北辙了。

那是不是说启发式的中心句就完全不可用呢？恐怕也不能这么武断。虽然"明目张胆"地启发招人反感，但我们能不能"暗送秋波"呢？这应该还是可以的。也就是说，我们不是很直白地去启发，而是在话语间为评委和听众留下遐想的空间，让他们自己去主动思考。这实际上也就是启发式的变形应用。具体的变形形式很多，我在这里重点谈两个：

第一，表白。这个表白可不是情侣之间的表白，而是竞聘者心态的自然流露，主要还是表明自己具有团结、忠诚、奉献、无私、豁达等的良好品质。我们还是先来分析一个例子。在竞聘辅导中，我注意到许多竞聘演讲稿中有这样的中心句：是竞争就意味着有人成功，有人失败。如果竞聘成功，我将不遗余力地努力工作，绝不辜负领导和同志们的厚望；如果不幸落败，我也将以一颗平常心对待，兢兢业业地做好本职工作。

大家看这个表白做得好还是不好呢？我个人认为，这个表白貌似不错，但经不起推敲。它最致命的问题在哪里呢？最致命的问题就出在"如果竞聘成功，我将……；如果不幸落败，我也将……"这一句。可能有朋友会说了，这一句说得不错啊，很质朴很坦诚。是的，不能否认，竞聘者这样说的目的是为了表现自己胜不骄、败不馁的心态，但也不用这么"此地无银三百两"吧？大家想想看，从领导或者评委的角度来讲，他们心目中希望员工自始至终都应该是积极努力的，你竞聘成功说明你有能力担当此任；如果不成功，肯定说明你在某些方面还有不足和欠缺，是你今后要努力加强或改正的。现在，你站在台上信誓旦旦地告诉领导，你放心吧，即使你不投我票，我也会努力工作，不会闹情绪的，那这意思不就相差太远了吗？领导可能会想，你想要干什么啊？难道竞聘不上就不好好工作了不成？本来是好心好意地表白，没想到往深里这么一理解，恰恰是搬起石头砸了自己的脚！

我举这个例子的目的是想告诉大家，不是大家都在用的、都在说的就是最好的。尤其在竞聘演讲中，一定要字斟句酌，反复推敲。

那么这样的表白不成，我们要怎么表白呢？在竞聘演讲中，我们一定要遵循听众本位原则，要从听众的角度去思考问题，然后按照听众最容易接受的方式去表白。就比如刚才的这段话，意思不变，我们可以这样说："我为成功而来，但我不惧怕失败！如果我竞聘失败，我会认真查找自己的问题和不足，并在今后的工作实践中去补足。不论成功与失败，对我来说都是一份难得的成长经历。"

我认为这么说就比较妥当，比较到位了。这首先表明了自己的态度，渴望成功，但也不惧怕失败。参加竞聘的人没有不奔着成功来的，所以，说渴望成功但也不惧怕失败，比说是竞争就会有失败显得更真诚，更有气势。明说了，我就是冲着成功来的，是自信的，有激情的。但如果万一没有成功也不会一蹶不振，不惧怕失败。失败以后怎么办？查找不足，迎头赶上，这个境界就比那个失败了我也会好好工作的境界高出了一大块，这才是屡败屡战的形象，即使真的竞聘不成功，这段表白也足以给人留下一个深刻而良好的印象。

第二，承诺。有朋友可能会问了，你在前面讲过决心式的中心句，决心不就是承诺吗？如果认真体会，决心和承诺还是有区别的。咱们这里讲的承诺，多指的是实质上的承诺，比如说承诺自己上任后给员工加薪，这个大家都爱听；承诺自己上任后要在现有的基础上把业务量翻一番，承诺开拓新的市场等等。我说了这些，大家就清楚了，决心式的中心句更多的是在态度层面的强调，而承诺是切切实实地落到具体的数字上的。就适用的范围来说，承诺的适用性要低很多。大家可能会说，承诺的方式比较好，有数字说话，实打实的更有说服力。但能做出承诺的，一般都是比较高的职位，你竞聘公司总经理、副总经理这样高职位的时候，才能谈到员工待遇啊等问题，其他一般的、大众的，比较普通的职位根本涉及不到这一点，这就决定了它的适用范围比较小。而且，对于一个新的职位，特别是竞争我们不熟悉的职位，有的时候也很难做出特别量化的承诺。总之，这个方法可以用，但适用的是特定竞聘者。

不管是表白也好，是承诺也罢，竞聘者都没有直接的启发，而是委婉地暗示评委和听众自己谦虚谨慎啊，有团队意识啊，工作有魄力啊等等，使评委和听众在这样潜移默化的引导下，形成一个较好的印象甚至是一个肯定的评价。

（三）结束句

结束句有什么作用呢？用一个成语概括结束句的作用最

恰当了,那就是"画龙点睛"。不知大家想过没有,为什么有的时候我们的竞聘演讲显得力度不足呢?我认为这和稿子的结尾收束比较潦草有很大的关系。竞聘演讲的结尾分为承接句、中心句和结束句三个部分。如果没有承接句,演讲的脉络就不清晰,不便于评委和听众理解。如果没有中心句或中心句说得不到位,就不能很好地升华主题,也就不能很好地突显我们胜出的理由。如果没有结束句,就会使我们的演讲稿没有力度,虎头蛇尾。

但事实就是这么残酷地摆在我们面前,很多竞聘者,他们的演讲中没有结束句,他们认为讲完中心句以后,整篇演讲自然而然地也就结束了。如果竞聘者采用的是决心式的、激情昂扬的中心句,那这种情况表现得就更为明显。我说这样"好则好矣,了则未了",为了追求竞聘演讲的最佳效果,在"中心句"之后,我们还要加上一个画龙点睛的"结束句",从而把我们自己的演讲以及场内听众的情绪一同推向最高潮,这样我们的竞聘演讲才能算作真正的"功德圆满"。

现在,问题就来了。因为绝大多数的竞聘演讲稿,"中心句"中已经用了非常激情的语句了,已经对整篇演讲的主题进行升华和提炼了,那"结束句"还要怎么讲呢?在竞聘演讲辅导实践中,我总结出一个小窍门。我认为,既然"中心句"是对竞聘演讲主体内容的升华,那么"结束句"就应该是对"中心句"的进一步升华或进一步强化,这样一种层层递进、层层深化的架构形式,就比较容易把竞聘演讲推向极致,也能有效增强竞聘演讲的感染力。

相对于"中心句"来讲,"结束句"比较简单,一般情况下一句话足矣。在《非同寻常的演讲力》里，我按照语气和表达方式把公众演讲的结束句归为四类，分别是以感叹号结尾、以省略号结尾、以问号结尾和以句号结尾。下面，分别举一个例子就非常清楚了。

以感叹号完成结束句：前面我们讲了制片主任的就职演讲，我们接着看他的结束句，他是这么说的："……相信在我们的执着与拼搏中，我们的队伍定会越来越壮大，我们栏目定会越来越精彩！"大家看，这就是以感叹号结束，以非常热切的语气，表达了演讲者炽烈的情感。

以省略号完成结束句：省略号表示的是意犹未尽，后面要说的内容还有很多，虽然演讲者不说，但听众完全可以体会得到，而且比演讲者直接说出来的效果还要好。再来看个例子：在一篇介绍公司优秀员工事迹的演讲中，演讲者是这样结束的："……走进光华集团，是王飞人生的新起点；走进光华集团，王飞一直充满激情地行走在前进的路上……"

以问号完成结束句：在讲开场白的时候我就讲过，在演讲稿中，问句的作用是非常独特的，一个问句带给听众的冲击力和震撼力能比陈述句大好几倍。同样，以问句作为结束句可以起到突出、强调、引起共鸣、发人深省的作用。我曾经为一位企业总裁（我常年为其担任私人演讲顾问）在公司工作例会上的讲话设计了这样的一个结束句："我们还安于现状行不行？我们还不思进取行不行？"他这出人意料又在情理之中的一问，如重槌击鼓般强烈地撞击听众的心灵，在听众的思索和感悟中，讲话戛然而止，效果非常好。

以句号完成结束句：在这里我们讲的是以陈述的方式结

尾。在我们平时的讲话中，有些情况感情色彩不十分强烈，比如布置工作、汇报工作、研讨工作、业务宣讲等等类型的讲话，以陈述句作结束句比较正规、正式，也比较符合人们的语言习惯。这个我们就不举例子了，在平常的演讲中，这样的例子比比皆是。

看到这里，大家肯定会有疑问了。我不是反复强调演讲和书面文字是不一样的，演讲只能听，不能看吗？演讲者总不能把标点也读出来吧？如果真把标点读出来，可就太"雷人"了，也根本不可能。既然不可能，我还说这么多有什么意义呢？在后面讲有声语言的时候我们会讲到，优秀的演讲，就是让躺着的文字站起来。什么意思？这句话我们可以这样理解：听众固然看不到我们的演讲稿，但我们可以通过适当的处理使听众感受到稿子层次、结构以及感情色彩的变化。就拿标点符号来说吧，我们完全可以通过语气、重音等等的变化，让听众感知出来，这是可以做到的。

那么，我们来分析一下，这四种形式的结束句，哪些适用于竞聘演讲，哪些不适用于竞聘演讲。

首先，以句号作结束句的类型一般是不合适的。道理很简单，前面我也强调好多次了，竞聘演讲的结尾部分是最需要也最应该体验激情的地方，是需要演讲者大打感情牌的地方，如果在结尾，特别是结束句的地方，演讲者不温不火地来一个陈述句，这是多么扫兴、多么煞风景的事情啊。这就好比你非常卖力地讲了一个笑话，但是听众却没有笑一样。

"句号"不适用，那"问号"呢？我个人认为，"问号"更不适用。虽然"问号"在感情色彩上可能要比"句号"强烈一些，但竞聘演讲中听说双方的特定身份决定了演讲者在结束句不能问！想想看，如果我们在结尾的时候来一句："请大家想一想，还有比我更合适的人选吗？"或者是："大家说说，不选我还能选谁呢？"等等，这会是什么效果呢？如果我是领导或者评委，我会毫不犹豫地把你淘汰掉，哪有这么不会说话的？这不单单是谦虚不谦虚的问题了，这根本就是不会沟通，不会表达。

接下来，我们来说"省略号"。"省略号"行不行呢？根据我多年的竞聘辅导经验，我认为"省略号"也是一把"双刃剑"。用好了，会使我们的结尾新颖别致，不落俗套。但因为"省略号"总体上给人的感觉是舒缓的，如果处理不当，非但不能有效烘托气氛，还容易和演讲的节奏不合拍。所以，"省略号"不是不可以使用，但如果感觉驾驭不好，最好也不要用。

我曾经辅导过的一位学员的竞聘演讲，他的"省略号"使用得就比较恰当。来看是怎么处理的：

同志们，面对浩瀚的蓝天，雄鹰选择了奋飞；面对汹涌的巨浪，水手选择了搏击。（承接句）今天，面对至爱的事业，我选择了拼搏和创新。由衷地希望，我，能够成为大家的选择！（中心句）我期待着……（结束句）

话音落，意未停。确实非常精彩。

说到这里，实际上大家已经很清楚了，留给我们余地最大的就只有"感叹号"了。无论是语境的要求、情感表达的要求，还是听说双方的角色要求，都决定了竞聘演讲的结束句最好结束在感叹号上。

可能有朋友会说，这个道理我们都很清楚，关键是我们怎样去实际操作？在这里，我推荐两种方法：

第一种方法——点题。如果你竞聘演讲稿的标题是文章标题的形式，那我们的结束句就可以照应演讲标题的内容。比如，我们演讲的主标题是"用心做到最好"，那我们的结束句就可以是这个样子的："请大家相信，我一定能用心做到最好！"这种方法其实我们从小就会，学写作文的时候就学过点题。结束句点题，既能升华主题，又能彰显力度，还不难操作，可以说是"三全其美"的好方法。

但是，有不少朋友的演讲稿不是文章标题，而是文种标题，或公文标题，甚至没有标题，想点题都无从下手，这个时候怎么办？

第二种方法——拉票。有不少朋友告诉我，他们不好意思拉票，觉得说不出口，不好意思。我觉得，我们大可不必有这样的想法。说到这，我给大家讲一个唐玄宗选拔官员的小故事。这个故事是我有一次听中央民族大学蒙曼老师讲课时讲到的。

故事说的是当时有一个地方官员，非常清廉，也非常务实，被唐玄宗发现了，玄宗很赏识他，给他升官了，而且还和他说，你好好干，我以后还会更加重用你。大家想想这个官员当时是怎么表现的啊？他没有唯唯诺诺地向唐玄宗表示，我一定好好干，请领导看我的实际行动吧！没说这些套话，而是说，皇帝，您要重用我现在就重用吧，我现在是年富力强啊，我还有精力做更多的事。以后我老了，我就是再想干也干不动了。

那大家想想唐玄宗听了这话会不会对他很反感啊？没有！非但没有，后来还真就重用他了，让他当了宰相。实际上，他这一番话恰恰表现了他想要建功立业，要想干一番大事业的迫切愿望，说得很诚恳，也很有激情。那我们也都知道，想要干一番大事业的美好愿望和激情，正是一个人做好工作的先决条件。让听众感知到你的这种情绪，就能在他们信任的天平上增加一枚砝码。

所以，所谓的结束句的"拉票"，说到底还是要彰显演讲者的激情。事实证明，"请大家给我一个平台，我定能给大家一份精彩！""我有能力做到这一点，请大家投下您信任的一票！"等等拉票式的结束句，因为溢满激情，而且显得非常自信，往往更能点燃听众的热情，取得非常好的效果。大家应该还有印象，在讲中心句的时候我们说过，这类话语最好不出现中心句，那不做中心句做什么呢？现在我们揭晓了谜底——做结束句。

关于如何撰写直逼人心的演讲文稿我们就讲完了，这部分看起来并不复杂，但是能写出精彩的、有水准的竞聘演讲稿的人却是少之又少，毕竟写作是一门学科，没有经过专业训练的人，不太容易写出好的稿件来，即便是写作水平很高的人，也不敢保证能够写出精彩的竞聘演讲稿，因为写好竞聘演讲稿，不仅需要有娴熟的写作技巧，还必须懂得演讲的规律,要懂听众的心理。为此,我们组建的竞聘演讲辅导团队可以帮大家解决这一问题。

第三章　演绎独具风采的**两种语言**

> ……有声语言指的是声音，声音要做到有节奏，有感染力。态势语言也叫肢体语言，站姿、目光语、手势，等等。

有了好的演讲稿件，还需要好的演讲呈现，也就是说在竞聘演讲的时候把稿子讲出来，这就牵扯到其他两种语言了，一是有声语言，二是态势语言。有声语言指的是声音，声音要做到有节奏，有感染力。态势语言也叫肢体语言，站姿、目光语、手势，等等。态势语要做到收放自如、落落大方。

第1节
有声语言——让文字飞扬

富有感染力的声音，可以把精彩的稿子演绎得更加异彩纷呈，甚至还可以把不太精彩的稿子讲得引人入胜。声音能使平面化的讲稿立体起来、鲜活起来，声音如同翅膀，可以使文字飞扬。

说到声音，我们有必要先澄清两个认识上的误区。

第一个误区：声音不好听影响演讲效果。

恐怕大部分朋友都有这样的想法。这个想法对吗？我认为，这个想法是不对的。每个人的音质不一样，有的高亮、有的低沉、有的清脆、有的沙哑……这是天生的，是不好改变的。但是，对于演讲者来说，嗓音只是他们传递思想的一个介质，演讲者不用像歌唱演员那样靠嗓音吃饭。声音不好听，可能会对演讲产生一些不利的影响，但这些影响完全可以通过演讲者在其他方面的出色表现去抵消，去弥补，这并不是什么致命的问题。美国总统亚伯罕姆·林肯嗓音沙哑，英国首相温斯顿·丘吉尔说话口吃，但这并不妨碍他们成为优秀的政治家和卓越的演讲家。

第二个误区：不会讲普通话影响演讲效果。

这个想法就更杞人忧天了。如果演讲者地方口音特别重，叽里咕噜地别人根本听不懂，那肯定会影响到听众对演讲内容的理解，进而影响到演讲的总体效果。但是现在的实际情况是，满嘴家乡话，普通话一句也不会说的人是少之又少的，讲普通话对绝大多数朋友来说已经不是什么难事了，"我们是普通人，所以我们会说普通话。"

确切地说，大部分人所谓的不会讲普通话，实际上指的是普通话不够标准。这是不足虑的。因为，我们只是在演讲，我们不是播音员，不是主持人，更不是在参加普通话的等级考试，评委和听众主要要听的是你的观点、见解和主张，而不是评判你普通话是不是标准。所以，在竞聘演讲时，能说一口流利的、标准的普通话当然是最好的，如果不能，只要保证听众听得懂就可以。我们甚至可以这样理解，只要是听众能听懂的，就是符合标准的。新东方的俞敏洪、阿里巴巴的马云，他们的普通话都不标准，但这并不影响他们在讲台上倾倒众生。

澄清了上述认识，我们再来看看，竞聘演讲对声音有哪些硬性要求。我个人认为，竞聘演讲在有声语言方面，从总体上讲要做到十二个字，即"表述清楚、抑扬顿挫、感情适度"。具体来说，演讲者要做好以下五件事：

第一，吐字清晰。"吐字清晰"是"表达清楚"的基础。虽然不可能人人都有一副"金嗓子"，也不可能都像播音员主持人一样字正腔圆，但是有一点我们是可以做到的，那就是一个字一个字地把话讲清楚。话说清楚了，客观上就可以部分抵消因为音质不好、普通话不标准等瑕疵对竞聘演讲产生的不利影响。

《红楼梦》中有个小故事，挺有意思的。有一次，凤姐偶然差遣宝玉的丫鬟小红替她去办事，小红办完事回来复命，凤姐一听这个小红说话干脆利索，小葱拌豆腐一清二白。她非常高兴，说这个丫鬟说话对我脾气，这么着吧，你以后就跟着我吧。小红在宝玉身边，只是一个负责打扫卫生的粗使丫鬟，到了凤姐这边，摇身一变成了深得器重的贴身丫鬟，地位扶摇直上。小红是凭借什么脱颖而出的呢？就是凭她说话清楚明白，让人听着舒服。

所以，我们在竞聘演讲的时候，也一定要注意吐字清晰，把话讲清楚。我曾经开玩笑说，字写得整齐的人善良，话说得清楚的人高尚。字是给别人看的，话是给别人听的，清楚明白是第一要务。

说到吐字清晰，有朋友可能会想了，我是不是还得练练"嘴皮子"啊？这就要看我们从哪个角度分析了。从长远的角度看，多练练嘴上功夫，比如练绕口令、练朗诵、练发声等，对我们演讲水平的提升是大有裨益的，如果持之以恒勤加练习，肯定会有巨大的收获。不过，对于绝大多数参加竞聘演讲的朋友来说，竞聘前的准备时间就像我们口袋里的钱一样，总不够用，哪还有时间去练绕口令啊？再说练一次两次也未必管用。所以，如果单从"应付"眼前竞聘演讲的角度讲，再练"嘴上功夫"就有点远水不解近渴了。

那么，我们要怎样做才能吐字清晰呢？根据我的经验，我认为至少要做好以下三件事：

首先，我们要控制好语速，尤其是不能讲得太快。因为，如果说得太快，就会自己赶自己，上气不接下气，这样我们就很难保证把每个字都说清楚。关于语速问题，我在后面还会重点谈到。

其次，我们要放开音量。为什么凤姐爱听小红说话，因为她的声音响亮清脆，而其他丫鬟说话多半声音太小，就连凤姐的贴身大丫鬟平儿也有这个毛病，为此凤姐还"训"平儿说："难道只有装蚊子哼哼才算美人吗？"说话声音小，不仅别人很难听清楚，而且也显得说话者没有自信，这也是竞聘演讲中最要不得的。关于音量问题，我在后面也会详细讲解。

最后，我们要杜绝"吃字"现象。什么是"吃字"？简单讲,"吃字"就是在讲话(当然包括演讲)的过程中个别字发音不完全,还未出口就一带而过,形成了一种似有似无的发音。比如,我经常听不少朋友在说"我们大家"这个词组的时候,"我们大"三个字发音是完全的,而"家"字只吐出一半就完了。诸如此类的"吃字"现象还有很多。或许有朋友认为演讲中"吃字"无所谓,甚至有的朋友还把"吃字"作为一种讲话时尚而效仿,这是不对的。"吃字"是一种非常不好的语言习惯,会给人留下说话随意、含混、不稳重的印象。和不自信一样,不稳重同样是竞聘演讲的大忌。特别是演讲者如果频繁地"吃字",势必会影响听众对演讲内容的理解和把握。

第二,放开音量。说到放开音量,我们必须要先搞清楚两个问题。

首先,放开音量并不意味着一定要声嘶力竭地喊。以"喊"的方式完成演讲是大错特错的。因为,喊出来的声音比较尖厉、刺耳,听者会很不舒服。再者,演讲者是会疲劳的,喊着喊着就累了,没有底气了,后面的演讲就不好维系了。

其次,放开音量也不等于使声音永远"飘浮"在高音区域。这是大家需要特别注意的。很多朋友在演讲时常犯的一个错误就是把握不好自己的音域,声音沉不下来。他们的演讲像背书、像朗诵、像演话剧,就是不像演讲。为什么有朋友的演讲会给人拿腔拿调的感觉?就是因为他们的声音太"飘"了,声音太"飘"就显得做作。所以,在演讲的时候,我们一定要把声音沉下来。把声音沉下来和放开音量并不矛盾,不是说我们把声音沉下来就是轻声细语,不敢讲话了,而是把声音维持在中音的音域，这样才更显沉稳。

那么，在竞聘演讲中，我们的音量究竟多大才合适呢？

在日常生活中我们用"分贝"表示音量的大小。1分贝是耳朵刚刚能听到的声音。喜欢周杰伦的朋友对他《青花瓷》中"极细腻犹如绣花针落地"的歌词应该不陌生，"绣花针落地"的声音应该是1分贝了。20～40分贝是情侣们说悄悄话的喃喃细语，有兴趣的朋友可以试试，体会一下这个音量。40～60分贝属于我们正常交谈时的音量，这也是我们在竞聘演讲时应该维持的音量。

以上是关于音量的数字化标准，演讲者还可以根据听众的反应判断音量是大还是小。在竞聘演讲中，如果我们对自己的音量把握不好，那么，可以观察一下听众。不要看近处的听众，因为即使我们的音量比较小，离我们较近的听众大多也能听清楚。我们要看最后几排的听众，如果他们一脸茫然，甚至有人在示意听不清楚，那么就说明我们的声音太小了，你就要提高音量，以保证会场内所有听众都能听清楚。

与此同时，我们还要注意，在演讲的过程中，嘴巴不要紧贴话筒，要保持一定的距离。因为离话筒太近容易发出"扑扑"的杂音，非常刺耳。而且，有的朋友在演讲中会不自觉地轻轻敲击讲桌，或者翻动稿纸，或者清嗓子、咽唾沫等，演讲者自己可能意识不到，但这些声音会通过话筒传出去，也会对整个演讲形成干扰。我们一直强调在演讲的过程中演讲者一定要有意识地杜绝这些小动作。但是，有的时候习惯成自然的动作会不请自来，防不胜防，所以，比较保险的做法就是适度地远离话筒，以防出现不和谐音。

到这里，我们实际上谈了两个问题，一个是要把音量维持在一个适宜的水平，二是要避免在演讲过程中出现杂音。那是不是我们做到了这两点就可以了呢？不是的。大家一定要清楚，音量（包括接下来要谈的语速、语调等），在演讲的过程中绝对不是一个恒定的数值，而是要有所变化的。如果你在演讲中一个音量、一个语速，甚至一个语调，那你非把听众讲困了不可。演讲是一个动态的过程，只有在动态之中，演讲者的情感情绪才能得以充分宣泄。所以，音量（包括语速、语调等）都应该是动态变化的。举个例子，当我们讲到慷慨激昂的内容的时候，就必须要提高音量，这样才能表现出你的激情与投入，也才能用你的热情去感染听众。如果你在音量上没有变化，那就不可能有足够强大的气场去影响听众。

在竞聘演讲中，音量是围绕着基准音而波动变化的。一篇演讲下来，演讲者的音量呈现出的应该是上下起伏的波浪线，而不应该是一条直线。我们都知道，当一个人死亡时，心脏停止跳动，在心电图上反映出来的是一条直线。如果在竞聘演讲中，演讲者的音量也是一条直线，那么，这个演讲就该被"宣告死亡"了。

第三，控制语速。唐代大诗人白居易的《琵琶行》中有这么几句我特别喜欢："大弦嘈嘈如急雨，小弦切切如私语。嘈嘈切切错杂弹，大珠小珠落玉盘。"琵琶声一会儿如狂风暴雨，一会儿如窃窃私语，或急或徐，节奏变幻，妙不可言。诗人虽然描写的是音乐，但这也是我们在竞聘演讲中把握语速的绝好范本。

变换语速是使演讲引人入胜的重要手段之一。我们看那些演讲高手，他们的演讲之所以能感染成千上万的听众，一个很重要的原因就在于他们能很好地驾驭语速，能通过语速快与慢的巧妙变化和完美衔接，酣畅淋漓地表达自己的情感，引爆听众的情绪。我经常说，只要演讲者配合着演讲稿的感情色彩，稍微注意一下语速的变换，演讲的实际效果和感染力就能上一个台阶。

这是咱们从理论层面上分析，具体到演讲实际，我们面临的第一个问题就是如何判断自己的语速是快还是慢？

语速有没有一个具体的衡量标准呢？标准是有的。所谓语速，指的就是人们讲话的速度，语速通常用平均一分钟内所讲的字数来表示。在一般情况下，人们的语速是平均每分钟180到220个字之间。这是一个什么概念呢？我们经常看《新闻联播》，据测算，《新闻联播》老一代播音员的平均语速一般是每分钟220到240个字，现在一般是每分钟300个字左右。有了这个参照，我想大家对语速就会有一个比较感性的认识了。

在现实生活中，有的人说话偏快，有的人说话偏慢，在语速上会有所差异。如果你想知道自己的语速究竟是多少，可以找一篇议论性的稿件或者找一篇新闻稿，不需要太长，一般2000字左右就可以。然后你用自己习惯的语速开始朗读这篇文章，并计时。大家一定要注意，在朗读的时候越自然越随意越好，千万不要有意识地去加快或者放慢语速。读完以后，用你所朗读文章的总字数，除以所用的时间，得出来的就是你的平均语速。

做完这个小测试，相信绝大多数朋友都会非常高兴。因为在这种情况下测试语速，绝大多数人得出的数值都在正常值范围之内。但是，大家不要高兴太早，要知道这只是我们在常态下的正常语速，好多人一走上演讲台，从开口说第一个字开始，就不是这个语速了。那么，在演讲状态下人们的语速又会是怎样的情况呢？有两种可能：

一种可能是演讲语速明显快于正常语速。大家一定要弄清楚，我现在所说的"快"，并不是咱们前面讲的有快有慢的那个"快"，而是一味地快，自始至终都是快速度。甚至有的人在开始演讲时语速本来已经很快了，随着演讲的推进更是越说越快，都不给自己留喘气的机会，对自己那叫一个狠。初次登台演讲或者登台次数不多、演讲经验不足的朋友常会犯这样的错误。他们由于紧张，由于不自信，恨不得快点讲完快点下台，所以他们的演讲就像机枪扫射一样铺天盖地，听众还没缓过神来，他们已经讲完了。可竞聘演讲毕竟不是百米赛跑，不是谁讲得快谁就能获胜。讲得越快，听众越不容易听清楚，演讲的效果越不好，演讲者是受累不讨好。

那么，我们怎么才能避免语速过快的尴尬呢？最有效的方法当然还是要从心理层面入手，要克服对竞聘演讲的紧张恐惧心理。当我们站在台上不再紧张害怕的时候，呼吸就会平稳、心跳就会正常，潜意识里也就不会再有"快讲完、快结束这种折磨和煎熬"的声音，语速自然而然也就能慢下来。而语速一旦慢下来，又会反过来促使演讲者更加自信、更加从容，形成良性循环，以良好的状态完成演讲。

另一种可能是演讲语速明显慢于正常语速。同样的道理，咱们现在所讲的"慢",也不是语速快慢变化的"慢",而是贯穿始终的一味的"慢"。当然,就概率而言,在竞聘演讲中出现这种情况的概率要明显低于第一种可能。为什么平时讲话语速正常的人,上得台来语速一下子就慢下来了呢?其实,语速过快是由于紧张,语速过慢又何尝不是由于紧张呢?因为紧张,一上台脑子就蒙了,一片空白,准备好的讲稿也忘了一大半了,只能"临场发挥",边想边说,语速自然就慢下来了。要避免这种情况发生,我们还要从克服竞聘演讲紧张恐惧心理入手,调整好自己的心态。

当然,也有的朋友不完全是由于紧张,他们之所以语速过慢,是由于有不良的语言习惯,比如,爱拖长音、打官腔,爱重复,"这个""那个""然后"等口头禅一大堆,这些也都会减慢语速,造成听众长时间的听觉空白和等待。这样一来,整个演讲就会显得拖泥带水,很不利索,这就需要演讲者刻意纠正和杜绝这些不良的语言习惯。至于怎样去纠正,我在后面会讲到。

说完这些,我们再回到语速变换这个话题。大家应该很清楚了,即便我们用正常的语速演讲,不快也不慢,也没有不良的语言习惯,那么还是不合格的,因为它太过平淡。在谈音量的时候我已经说了,在演讲中音量不应该是一个恒定值。同样,竞聘演讲中语速也不应该是一个恒定值,它应该是以一个基准语速为轴心,根据演讲者所要表达的内容和情感需要而上下波动的。特别要注意的是,语速的变化和音量的变化往往是相互关联的。比如,当演讲者情绪激动、慷慨激昂的时候,势必要提高音量,与此同时很自然地会加快语速；当演讲者陈述事实，情绪比较舒缓的时候，语速多半会维持在平均值范围之内，相应的音量也不可能太高。因此，和音量一样，竞聘演讲中的语速也应该是一条波浪线。为了帮助大家更好地理解演讲中语速的变化，我给大家讲一个实例。

> 据统计，美国人讲话的语速是平均每分钟125到150个词。美国著名黑人运动领袖马丁·路德·金有一个非常经典的演讲——《我有一个梦想》。在这个演讲中，马丁·路德·金以明显慢于平均语速的每分钟92个词涓涓流水一般开篇，但到结尾时，却达到了暴风骤雨般的每分钟145个词，令人血脉偾张、情绪激动。《我有一个梦想》之所以如此具有冲击力和震撼力，得益于其精彩的内容，更得益于马丁·路德·金对语速与情感之间关联的精准把握和完美诠释。

那么，我们普通人能不能达到这样的境界呢？我认为，只要用心揣摩、认真练习，我们是完全可以做到的。怎么练习呢？

首先，要仔细阅读自己的讲稿，用笔在我们认为应该提高音量、加快语速、加重语气以及停顿（加重语气和停顿后面会讲到）的地方做好标记，然后，一遍一遍地反复练习，在练习的时候最好要录音。因为，只有当我们把自己的演讲录下来进行回放的时候，才能非常清楚地感知到自己的语速究竟是快是慢，而且是不是在该快的时候快，在该慢的时候慢。另外，对于那些拖长音、重复、口头语等不良的语言习惯，大多数朋友可能已经习以为常了，感知不到，只有在听录音回放的时候才能发现，从而才能有的放矢地去纠正和克服。有很多学员对我说，一听录音大吃一惊，严重怀疑这是自己讲的。他们原来想象中的演讲效果可不是这样的。我告诉他们，这就是你演讲的真实状况，你的想象和你演讲的实际效果是有出入的。也正是基于这一点，所以我强烈建议大家在练习演讲的时候最好录音，而且要反反复复地多录几遍。听录音就和我们照镜子一样，哪里有问题一目了然，我们再专门针对这些问题去练习，可以节省时间，提高效率。这样重复若干遍以后，我们的演讲自然会渐入佳境。

第四，适当停顿。停顿是在竞聘演讲中是最不应该被忽视，但恰恰又是最容易被忽视的环节。许多朋友由于种种原因在演讲时不敢停顿，一气呵成，这样做太难为自己了。竞聘演讲虽然不是什么重体力劳动，但一口气不停地讲下去，可是对肺活量的严峻挑战。有一位美国口才训练专家曾经感叹说，不少人"发表重要讲话或介绍情况时，屏住呼吸，一口气也不敢喘。我不明白，他们怎么能受得了？"事实上，"一气呵成"的演讲不仅演讲的人受不了，听众又何尝受得了呢？

停顿是什么？我们可以把演讲中的停顿，形象直观地理解为书面文章中的标点符号。大家想想，如果给你一篇从头到尾没有一个标点符号的文章，你看着该是多么吃力啊！同样的道理，演讲中如果没有停顿，就和文章中没有标点符号一样，是一件非常让人崩溃的事情。有停顿的演讲，演讲者讲得从容,听众听着也舒服。没有停顿或停顿不到位的演讲,对演讲者和听众来说都是噩梦。

"此时无声胜有声",在停顿的时候,演讲者虽然一言不发,但其传递的信息量及其作用却非同寻常。具体来说,在竞聘演讲中,停顿具有三大功能:

一是停顿可以起到强调的作用。如果在竞聘演讲的时候,演讲者要突出强调某些重要的内容,那该怎么做?最常用的方法有两种,一种是提高音量,用高八度的声音引起听众的注意,这是比较直接的做法,也是大多数朋友习惯采用的方法。除此之外,还有一种方法,那就是停顿。这一招,美国总统林肯"玩"得相当好。当他要讲一项重要内容时,他会倾身向前,直视听众的眼睛,足足有一分钟之久,就是一句话也不说,那场面只能用震撼来形容。我们说,因停顿而带来的突如其来的沉默,和突然地提高音量是有异曲同工之效的。

二是停顿可以起到引导的作用。我们都知道,优秀的老师不会一股脑地把知识都倒给学生,不会采用那种"填鸭式"的教学方式。他们会通过启发引导学生自己去思考,去探究,进而得出结论。我们总在强调,竞聘演讲要引起听众的共鸣,可是这个共鸣并不是演讲者一味地在讲台上自说自话就能产生的,而是需要演讲者去引导。停顿就是一种非常有效的引导方式。比如,当演讲者说"我认为凭借以下优势,我完全可以胜任这一工作"时,如果讲完这句话,紧接着就一、二、三地说出自己的优势,那对听众来讲就是一种被动的接受。相反,如果演讲者不急于道出自己的优势,而是停顿几秒甚至十几秒钟，那么在这一"空白"时间，听众就会不由自主地想一想，他会说什么啊？他的优势是什么呢？这样，听众就变成了主动地思考。和被动地接受比较起来，当然是主动思考的听众更容易和演讲者产生共鸣。

三是停顿可以起到控制的作用。有很多学员问我，怎么才能使自己在演讲台上显得更为自信、更具掌控力，用现在比较流行的话说就是气场更强？我总是告诉他们，要学会停顿。大家可能都有这样的体会，或许我们站在台上滔滔不绝地讲，还不会觉得太别扭，但如果让我们站在台上什么也不说，几秒、十几秒甚至更长时间面对台下鸦雀无声的听众，那可真是煎熬了。也正因为如此，所以那些敢于停顿，能够在几秒、几十秒甚至更长的静场时间里镇定自若，并以眼神、面部表情等与听众积极交流的演讲者，很显然就会比做不到这些的人更具权威性，更有掌控力。不知道大家有没有注意过温家宝总理的演讲？温总理在讲话时语速一般不是很快，而且经常会出现比较长时间的停顿，有时一停就是几十秒，这是他演讲时一个特有的风格。没有人挑剔他讲话慢，更没有人质疑他长时间停顿是不是因为忘词了，正是略慢的语速和大胆的停顿，才更加彰显了温总理无与伦比的领袖风采，让人肃然起敬。停顿，是信心和领导力的最佳体现。

既然停顿在竞聘演讲中如此重要，那么是不是多多益善呢？不是的。停顿虽然非常管用，但是也不能滥用，停顿必须要适当。换句话说，就是该停顿的地方要停顿，不该停顿的地方绝不能停顿。刚才咱们讲过，可以把竞聘演讲中的停顿，直观形象地理解为文章中的标点。那么，如果演讲中停顿不当，就和写文章点错了标点一样，所表达的意思有可能就完全变了。

我看过一个笑话，说有一个人请他的朋友去饭店吃饭，这个人非常要面子，进饭店就和服务员大声嚷嚷："小姑娘，给我们上你们这儿最好的酒、最好的菜！"这个女服务员是个老实孩子，非常实在，她一时没搞清楚哪个"真没有"，哪个"可以有"，高高兴兴地拿来一瓶茅台，对这个人说："先生，这瓶酒我给您开了？"这人一看是茅台，可吓坏了，他本来就是想撑撑面子，说说大话，哪想真请这么贵的酒啊。一着急，说话都不利索了，他本来想说："开玩笑！"可一大喘气，"开"了半天，"玩笑"这两个字也没说出来。那个服务员真麻利，听他说"开、开……"的时候，这瓶酒早已经打开了。停顿不当，白赔了一瓶好酒。

在竞聘演讲中，因为停顿不当闹笑话、影响表达的事情也时有发生。有一次，我去某单位做竞聘演讲的特邀评委。有一位女士在演讲中就闹了一个笑话。这位朋友竞聘的是"总经理助理"，她本来想说："我非常热爱总经理助理这一工作。"按说这是很好的，咱们反复说，热爱是做好工作的基础。但是，她那天太紧张了，而且很明显准备不足，稿子都没有背下来，是站在台上读的。当她读到"我非常热爱总经理……"的时候，正好赶上了翻页。在正常情况下，这里是不应该有停顿的，即使是翻页，一般人也能非常流畅地把后面的话说出来。但是，我刚才说了，她不是准备不足很紧张吗，估计当时脑子已经不够用了，一片空白，所以在"我非常热爱总经理"这里她居然停下来翻页了，她这一停不要紧，底下的听众先是一愣，然后是哄堂大笑，她自己也是尴尬不已。由此可见，在竞聘演讲中恰当的停顿是何等重要。

那么，在竞聘演讲中，怎样的停顿才是恰当的，或者说演讲者在什么情况下停顿才是适宜的呢？

要搞清楚这个问题，我们先得弄清停顿都有哪些种类。关于停顿，有各种各样的分类方法，为了简单起见，我把停顿分为两大类：一类是生理性停顿，一类是非生理性停顿。

什么是生理性停顿呢？生理性停顿比较好理解，就是讲话者根据喘气的需要，在不影响语义完整的地方做一个短暂的停歇。在竞聘演讲的时候，一定要处理好生理性停顿。首先，不能语速太快，如果演讲者语速太快，说着说着就容易会上气不接下气，不得不停下来，这时如果恰恰停在了不该停的地方，就会影响听众对演讲的理解。其次，即使不是语速奇快的被迫停顿，演讲者在换气的时候，也要注意断句，不能割裂语法结构，不能影响句子的连贯性和语义的完整性。

除了生理性停顿，其他的停顿都属于非生理性停顿。在非生理停顿中，演讲者主要应该做好两点，哪两点呢？

第一是标点停顿。所谓标点停顿，就是在我们竞聘演讲稿中有标点符号的位置，反映在实际演讲中就是停顿。停顿的原则是：逗号、冒号略短，分号稍长，句号、叹号、问号和省略号再长一些。另外，在我们的讲稿中，段落与段落之间要另起一行空两个格，反映在实际演讲中也应该停顿，停顿的时间比句号等的停顿时间再长一些。

第二是强调停顿。有标点符号的地方以及段落和段落之间要停顿，这是咱们讲的停顿的一般性原则。既然有一般性，那势必就有特殊性。在实际演讲中我们会发现，有的时候在讲稿中明明没有标点符号，但如果我们停顿一下，会收到更好的效果。还有的时候，虽然讲稿中有标点符号，但如果我们一气呵成则更有冲击力，这种时候则不停为好。也就是说，在实际演讲中的停顿和我们讲稿上的标点符号有重合的地方，但也有不尽相同之处。当讲到情绪激扬的排比句的时候，虽然有标点符号，但为了表达强烈的思想感情，我们可以不停顿；当我们要强调某一个字或某一个词的时候，虽然讲稿上没有标点符号，我们也最好停顿一下！比如，有一位竞聘者在演讲结尾时说了这样一句话："由衷地希望我能够成为大家的选择！"这是一句完整的话，中间没有标点符号的间隔，但在演讲的时候，这位竞聘者在说完"由衷地希望"后顿了一顿，接着加重语气说出"我"这个字，然后，又停顿了一下，最后提高音量，以"能够成为大家的选择"把整篇演讲推向了高潮，取得了非常好的演讲效果。

应该说，如果理解了上述要点，并且在实际演讲中融会贯通、运用自如，那么，我们的竞聘演讲在停顿方面就臻于完美了。

第五，转换语气。"文似看山不喜平"。平平淡淡，在情节上缺少跌宕起伏的文章没有看头；平铺直叙，语气上没有轻重强弱变化的演讲也同样乏味。

什么是语气？按照《现代汉语词典》的解释，语气就是"说话的口气"，也就是"说话时流露出来的感情色彩"。大家都知道，在汉语中，同样一个字，由于说话者语气的不同，会表现出各种各样不同的含义，这也正是汉语的奇妙之处。

比如，一个简单的"啊"字，我们就可以读出很多种含义，包括：

1. 表示惊讶；
2. 表示抒情；
3. 表示疑问；
4. 表示痛苦；
5. 表示无奈；
6. 表示承诺；
7. 表示搪塞；
8. 表示追问；
9. 表示称赞；
10. 表示恍然大悟；

…………

有兴趣的朋友可以试一试，相信大家还可以演绎出更多种含义。

既然语气是多种多样的，那是不是我们在竞聘演讲中要频繁变化语气，把各种语气都予以淋漓尽致地展现呢？并不是这样的。我们必须清楚，竞聘演讲作为公众演讲中的一个分支，是具有其独特性的，对竞聘演讲来说，频繁地转换语气是不足取的。因为，竞聘演讲在总体风格上要的是沉稳与激情并重。为什么要沉稳呢？因为在竞聘演讲中，无论是介绍自己的竞聘优势还是谈以后的工作设想，都是一种说明，这就需要演讲者用陈述的语气进行表述。什么样的语气是陈述的语气呢？最直观的理解就是新闻联播主持人的语气。相反，如果演讲者在介绍自身优势、畅谈工作思路时，弄得像演员表演一样夸张,那就太滑稽了。

当然,光有稳也不行,竞聘演讲中还需要有激情的部分,尤其在开场白和结尾的时候,激情的成分要更多一些,这就要靠重读、加重语气,包括我们前面讲的提高音量,加快语速等等来彰显演讲者的热切与投入。

综合起来看,竞聘演讲应该是以陈述为主并适当加入激情色彩,这种组合要作为竞聘演讲的主基调。当然,关于公众演讲中的语气还有很多其他方面的知识,由于和竞聘演讲关系不是很大,在这里就不过多涉及了。

最后再强调一点,在这一节中,我们从五个方面讲解了竞聘演讲的有声语言,这五个方面绝对不是割裂开来的,而是有机结合在一起的。比如,对于一些重要的内容,需要特别强调以引起听众注意的,演讲者就要提高音量、加重语气,并伴以加快语速、停顿等,也只有如此,演讲才能有抑扬顿挫之美,希望大家在竞聘演讲中用心体会。

第 2 节
态势语言 —— 让情感绽放

什么是态势语言?态势语言,又叫肢体语言、动作语言,在演讲中它是一种伴随语言。态势语言是通过演讲者的目光、表情、手势、姿态等配合有声语言一起传递信息、交流思想的辅助工具。

本章的开始讲到,态势语言在整个演讲中占 55% 的比重,是相当重要的。为了印证这一观点,我曾经做了一个实验。我找来二十名大学生志愿者,十人一组分成两组,把他们分别安排在两个房间里。然后我让他们听同一个人的同一篇竞聘演讲稿。不同的是,第一组大学生,我只让他们听音频;第二组大学生,我让他们观看视频。然后,我请他们分别给演讲者打分。结果,第二组听众所打的分数明显高于第一组听众。

竞聘演讲是演讲者与听众面对面进行的直接互动活动,听众不仅要听其声,还要察其颜、观其行。竞聘演讲应该达到听觉、视觉与情感上的多重震荡,每少一重震荡,感染力自然就会相应降低。比如,当竞聘者讲到决心式的语句时,眼睛应该是炯炯放光的,表情应该是热切而诚恳的,手势应该是有力度的,再加上演讲者语音、语速、语调等各个方面的配合,这样一种组合式的互相烘托、互相映衬的状态,才能形成演讲中最强的冲击波。相反,如果演讲者的声音、表情、动作和其所讲的内容是"两拿着的",尽管文字火热激扬,但演讲者却面无表情,波澜不兴,那听众听着得多别扭啊。这恐怕不是一句我比较"淡定"就能遮掩过去的。我们一定要明确,在竞聘演讲中,态势语言不是点缀,态势语言可以让情感绽放。

态势语虽然极为重要,但是,要用好态势语却并非易事。我们首先谈谈运用态势语的三大忌讳:

一忌不用。所谓不用,就是演讲者在整个演讲过程中很少使用或根本不用态势语。

大家想一想,如果你是评委,看到一个人畏畏缩缩地上台，上台后手足无措，表情呆板，眼睛不敢直视听众，自始至终埋头念稿子，那么，你的第一反应是什么？没错，这个人紧张，而且还不是一点半点的紧张，是太紧张了。"哥念的不是稿，哥念的是恐惧！"

而竞聘者一旦暴露出自己的紧张恐惧，那么，不管你的稿子写得多么精彩，你的工作设想多么缜密、多么完美，已经先失一分了。因为看一个人是否称职，是要衡量其综合素质的。对竞聘者来说，充满自信，具有驾驭各种复杂局面、困难局面的能力，应该是他们必备的素质，也是他们胜任工作的基础和保证。如果你连站在台上演讲都怕成这样，那一旦遇到更危急的情况，还不干脆直接举手投降啊？这样的人怎么能委以重任呢？

二忌频用。所谓频用，就是演讲者在整个竞聘演讲的过程中非常频繁地使用态势语。

演讲者不使用态势语固然会影响演讲效果，但是，如果在竞聘演讲中过于频繁地使用态势语，同样会影响演讲效果。我们想啊，在演讲中态势语是一种辅助语言，一种伴随语言，无论它多么重要，其目的也是为表情达意、传递思想服务。如果你在台上频繁地使用态势语，手舞足蹈，眉飞色舞，没有一刻消停的时候，就会给听众一种非常"闹腾"的感觉。听众会觉得眼花缭乱，他们光注意你的表情动作了，自然会冲淡对你演讲内容的理解，进而会影响到对你这个人的总体印象和评价。

三忌做作。所谓做作，就是演讲者在整个竞聘演讲的过程中态势语使用极不自然。

这么多年，我成功辅导过众多参加竞聘演讲的朋友。在辅导初始阶段，我往往会让他们自己去发挥，然后再根据每个人的特点进行针对性的辅导。我发现，有的人为了手势而手势，为了眼神而眼神，有的时候说完一句话突然想起来了，哎呀，这个地方应该有个手势啊，我忘记做了，怎么办呢？我补一个吧，于是就出现了话音已落，手势才出的滑稽现象，人为割裂了声音和手势的关系，要多生硬有多生硬。还有的人，喜欢做那些大开大合的大动作，一会儿举手、一会儿握拳，动作非常夸张，也会给人以做作的感觉。

以上是竞聘演讲在态势语方面的"三忌"。当然，仅仅了解了不能做什么是远远不够的，我们还要知道应该怎样去做。喜欢武侠小说的朋友们肯定都知道这样一句话："无招胜有招。""无招胜有招"指的是当武功练到炉火纯青的境界以后，就可以在固定的招式之内任意发挥，出神入化，也就是咱们平常说的功夫练"神"了。我个人认为，在竞聘演讲中态势语运用的至高境界也应该是"无招胜有招"。也就是说，演讲者在使用态势语的时候是下意识的，是不自觉的，无论是动作、眼神还是表情，都是随着语言的流淌而自然形成的，行云流水，浑然天成，这样一种最自然状态的态势语，才是最舒服的、最赏心悦目的。

正是基于这一观点，所以我一直强调，态势语有一些约定俗成的原则，但绝对没有固定的、千篇一律的模式。我们每个人都应该有适合自己的、做起来轻松随意的态势语，这才是最正常的、最合理的。如果所有的演讲者都像受过训一样，齐刷刷的一个动作，一种表情，一种眼神，那就太不可思议了。大家一定要记住,对于态势语,我们需要的是在共性中突出个性,在一般中彰显独特。接下来我要介绍的,就是态势语的一些基本原则,是共性的东西。

先从上台说起。竞聘演讲当然是从上台开始的。大家对这个环节不要掉以轻心。你走向讲台的一小步,是关乎你职业生涯的一大步。那么,我们要怎样走好这至关重要的一小步呢?

首先,脚步要轻快。轻快的脚步能彰显演讲者的自信和热情,显得整个人清爽、干练、有朝气。我们最好不要四平八稳地迈着方步上台,你太过沉稳迟重的表现和竞聘演讲激烈竞争的氛围是不搭配的。而且,那么多领导、评委、同事坐在下面听你演讲,人家是抱有一定的期待的,是想听听你到底要讲什么的。面对听众的热情和期待,演讲者必须做出同样积极而热切的回应,否则会显得傲慢无礼。大家都在等着听你演讲呢,你不紧不慢地上台是在有意摆谱吗?咱们回忆一下,无论是年轻的美国总统奥巴马,还是我国台湾著名作家李敖这样年近七旬的老人,他们在演讲的时候,多是以轻快的近乎小跑的步伐上台的,这既展现了演讲者的活力,更体现了演讲者对听众的尊重。

其次,要挺胸抬头,面带微笑。在走向讲台的这段有限的距离内以及在后面整个演讲的过程中,演讲者都要挺胸抬头。为什么?这太好理解了。我说一个词大家就明白了。有一个成语叫"垂头丧气",一个人如果垂着头就显得底气不足,没有精神,所以我们要把头抬起来。当然,也不能抬得太高,微微抬起就可以,不可以"45度角仰望天空",要度角平视前方，而且一定要面带微笑。微笑是演讲者的必杀技，也是演讲者通关的证件，很灵的。

最后，带稿上台无需遮掩。竞聘演讲最好是脱稿演讲。但是，演讲者可能会由于方方面面的原因而没有把稿子背下来（或者背得不熟），不能做到脱稿演讲。那么，演讲者带稿上台时，尽可以大大方方地把稿子拿在手里，不要怕别人笑话。这样上台以后，你就可以顺理成章地把稿子平铺在讲台上，然后就可以开始演讲了，整套动作自然流畅，一点都不别扭。我不知道有一部分朋友是出于什么考虑，喜欢把稿子放在衣服口袋里，上台以后现掏，一着急有时还掏不出来，万一口袋里放的东西太多，弄不好还掏错了，非常狼狈。

钱钟书先生的小说《围城》里就有这样一段描述：

> 小说的主人公方鸿渐顶着个留洋博士的光环衣锦还乡。家乡学校的校长邀请他去为学生们演讲。方鸿渐提前准备好一篇自认为还不错的演讲稿，放在衣服口袋里。后来因为换衣服，演讲稿忘了拿出来。等他站到了演讲台上，面对底下黑压压的师生伸手去掏演讲稿的时候，掏了个空，急得直冒冷汗。没办法，他只好站在台上信口开河，胡讲一通，校长、老师以及同学们对这位方博士失望至极。试想，如果方鸿渐上台之前就准备好讲稿，拿在手里，又怎么会有如此这般难堪呢？

说完上台，咱们再顺带说说下台。有上自然就会有下。上台的时候因为有评委和听众在等着我们，所以，演讲者不能慢吞吞地，要以轻快的步伐登台。那么，演讲完毕以后怎么下台呢？还是轻快的脚步行不行呢？这恐怕就不太好了。因为如果你下台走得很急，很匆忙，难免会有逃之夭夭的嫌疑。特别是有个别演讲者还有一个非常不好的习惯动作，一边疾走一边用手摸胸口，这个态势语传递的信息太明确了：总算讲完了，可解脱了！实际上，在你没走到台下坐定以后，你的竞聘演讲还不能算完。细节决定成败，一定要做到善始善终。那么，怎样下台比较好呢？我建议大家，上台要急，下台要稳，下台的速度要略慢于上台的速度，并且要避免用手摸胸口等多余的小动作。

接下来，我们再说说鞠躬。演讲者上台以后紧接着要做什么呢？不是立马开始演讲，而是先要向听众鞠躬致意。在鞠躬的时候要注意三个细节：

第一，先站定，再鞠躬。什么意思呢？就是说我们走上台以后，要站稳了、站定了再鞠躬。这中间耗时大约在 5 秒钟左右。为什么我要强调先站定呢？因为有不少朋友由于紧张或者缺乏演讲经验，动作做得很草率，自己还立足未稳呢，就忙着鞠躬，显得非常慌乱，不可取。

第二，手交叠，腿两侧，或腹前。鞠躬的时候，我们的手放在哪里呢？根据通常的礼仪规则，男女有别。男士是双手自然下垂，中指贴着裤缝，放在腿的两侧；女士是手臂微曲，左手压右手交叉放于腹前。

第三，鞠躬后，停一停。这是指演讲者从鞠躬完毕到开口演讲之间要有一段停顿的时间，停顿多长时间呢？我认为停 5～6 秒为最佳。为什么要停这 5～6 秒钟呢？首先，它可以让我们有机会平和一下情绪，特别是对缺少演讲经验的人来说，这5～6秒钟的短暂停顿，对缓解紧张是非常有用的。其次，可以利用这5～6秒钟用扫视的目光语和听众打招呼，让演讲者显得彬彬有礼、从容大方（至于什么是扫视，在后面讲目光语的时候会讲到）。停顿5～6秒钟以后，我们就可以开始演讲了。

有一个词叫"手足无措"，手和脚都不知道往哪里放好了。在竞聘演讲的过程中，绝大多数朋友，特别是那些登台次数不多、演讲经验不足的朋友，最常犯的毛病就是"手足无措"。那么，怎样才能让我们的手和足各得其所呢？下面，我给出两种解决方案供大家参考。

第一种，有讲桌演讲的解决方案。在绝大多数情况下，竞聘演讲的讲台上都会有一张讲桌，更隆重一点的还会在讲桌上摆上鲜花。应该说，这是对演讲者最为有利的布局。大家想啊，齐胸的讲桌遮挡了我们胸部以下的肢体，这个时候我们只要头部放正，肩部放松基本就可以了，腿部的姿势基本可以忽略不计。

比较重要的应该就是手部动作的安排。根据我多年的竞聘研究和辅导经验，我建议大家把双手自然地、轻轻地搭在讲桌的两侧，与此同时身体微微前倾即可。手自然地扶住讲桌这个态势语，表达的是沉稳、是自信、是一切尽在掌握之中。有兴趣的朋友可以看一看美国总统奥巴马的演讲，在演讲中，奥巴马经常用的姿势就是以手扶桌，坦率地说："非常帅！"另外，以手扶桌还有一个好处，那就是方便演讲者做手势。讲桌是我们手势起点，也是终点，做完一个手势之后，我们可以把手重新放到讲桌上,这样我们的手就有所"措"了,自然也就不会乱放乱动了。

需要注意的是,以手扶桌,我们两手间的距离应小于或等于肩宽。如果讲桌宽度适宜,我们可以把手扶在讲桌的两边;如果讲桌比较宽,我们应该自然地把手往回收一收,不要去够讲桌的边缘,否则我们的身体就会过分前倾,甚至会趴在桌子上,这样的姿势是相当不雅观的,而且也不利于我们演讲的时候发声和换气。

第二种,无讲桌演讲的解决方案。在极个别情况下,演讲台上是没有讲桌的,演讲者会"赤裸裸"地暴露在听众面前。失去了讲桌的遮挡和依傍,演讲者该怎么办呢?

首先说站。因为没有讲桌,所以演讲者的站姿就非常重要了。站的时候一定要直,双脚自然分开,挺胸、收腹,目光平视,玉树临风,镇定从容。说句实在话,无论有没有讲桌的遮挡,演讲者都应该站直了。但如果面前有张讲桌,那么,演讲者腿部即使有点什么小动作,底下的听众也是不容易觉察到的。可没有讲桌就不一样了,演讲者的全貌听众尽收眼底,这实际上是增加了演讲的难度。

所以,在没有讲桌的情况下,演讲者就更应该站直了,千万不要驼背、猫腰、缩脖、曲腿、晃腿等。我们都知道,敬爱的周总理也就一米七左右的身高,但他站立的时候像青松一样,挺拔伟岸,给人的感觉比他的实际身高要高出很多。对小个子的竞聘者来说,这应该是一个励志典范了,只要站直了,就可以显得高出一块,比内增高鞋还管用。另一方面,对高个子的竞聘者来说,站直了也非常重要。一般个子比较高的人，讲话时容易驼背，而驼着背站在台上是非常难看的。所以，高个子的朋友要有意识地注意或矫正驼背这一不好的姿态。总之，演讲者要"站直了，别趴下！"。

再来说说手。站直了以后，我们的手往哪里放呢？背手肯定不行，咱们是来竞聘的，不是来视察工作的，还是不要摆这个谱为佳。把手插口袋里或者抱在胸前呢？还是不行，因为这样的动作太休闲、太随意，不是职业仪态，也显得不那么礼貌。那么，我们该怎么做呢？

如果在我们面前有一个立式话筒，演讲者不用手持话筒，这时双手交叠放在腹前，这样看着比较美观，也方便在演讲中做手势。如果没有立式话筒，只有一个手持话筒，我们可以单手持话筒，另一只手自然地垂在腿的一侧；话筒可以两手轮换，闲着的手可以用来做手势。

下面，我们再来讨论一个问题。如果竞聘组织者为我们准备的是无线话筒，我们可以不受约束地在讲台上随意走动，那采取边走边讲的方式好还是不好呢？这是个见仁见智的问题。有的人认为边走边讲非常洒脱，也有的人认为边走边讲有失沉稳。就我个人而言，虽然我力主某些公众演讲（比如产品发布会演讲）最好采用走动式演讲，但是，我并不赞同竞聘者在台上边走边讲。理由很简单，竞聘演讲最终目的不是取悦，而是说服，是说服评委和听众信任自己、选择自己。所以，这样的演讲是偏严肃的语境，演讲者在台上走来走去，会对听众产生干扰，不利于听众对你所讲内容的理解以及做出正确的判断。换句话说，走动演讲，和我们前面谈到的手势过多会显得"闹"一样，是"形式大于内容了"。

实际上，在竞聘演讲的时候，不光动作不能让人眼花缭乱、喧宾夺主，表情也是这样。

下面，来谈谈竞聘演讲时的表情。表情是人的心理状态的最直接反映。比如，当一个人非常高兴的时候，反映在脸上必然是眉开眼笑、笑逐颜开；当一个人非常苦恼的时候，反映在脸上肯定是愁眉苦脸、眉头紧锁。描写表情的形容词真的是太多了，刚才咱们说的是四个字的，三个字的也不少，像冷冰冰、羞答答、气呼呼、笑盈盈、乐呵呵……在日常生活中人们的表情可以是丰富多彩的，但我个人认为，在竞聘演讲的时候，表情还是收敛一些为好。为什么呢？因为，如果演讲者的表情过于丰富，一会儿喜形于色，一会儿故作深沉，一会儿得意扬扬，一会儿怒目横眉……变脸比变魔术还快，那就太假了，也太不稳重了。依我的经验，在竞聘演讲时，我们用对用好三种表情就可以了。这三种表情分别是：

微笑。说到微笑，大家肯定会想到露出八颗牙齿的标准职业微笑。至于怎么才能露出八颗牙齿，有人出招了，回家后嘴里咬根筷子对着镜子练，这样正好能露出八颗牙齿。方法或许是个好方法，但我个人认为对竞聘者来说，微笑时露出几颗牙并不重要，笑得自然真诚才最重要！有道是相由心生，当母亲望着怀中的婴儿时，当情侣含情脉脉地互相对视时，他们肯定不会想到自己要露出多少颗牙齿，但他们的微笑却是最美丽的，最感人的。像朋友一样自然真诚地对听众微笑吧，这种微笑远比露出八颗牙齿的职业性微笑更能征服听众。

自信。自信，应该是竞聘演讲者的"主打"表情。我们反复讲过，自信是竞聘者必须具备的素质，自信体现在演讲者言行举止的各个方面，表情则是演讲者彰显自信的最好载体。

那么，什么样的表情才是自信的表情呢？我个人认为，自信的表情重点体现在三个方面。首先，自信的人眉头是舒展的，不是紧皱的，眉头紧锁是为某事所困扰的反应，不是自信的表现；其次，自信的人面部肌肉应该是松弛的，肌肉紧绷说明人处于紧张、愤怒或焦虑的状态；最后，自信的人，目光是坦诚而坚定的，是敢于而且乐于与听众对视和交流的，如果演讲者的目光躲躲闪闪，游移不定，那很明显是不自信的表现。

热切。在竞聘演讲的过程中，当演讲者阐述自己的工作设想，描述未来的工作路线和美好前景的时候，或者是充满激情地讲述开场白和结尾的时候，应该配以非常热切的表情。这时，演讲者要给大家的印象是，你非常迫切地想要表达自己的思想，并且非常迫切地要和大家分享你的观点。热切的表情，最集中体现在演讲者的目光上。演讲者的眼睛应该是炯炯有神的，眼睛里跳跃着令人振奋的火苗。这么说，大家或许会觉得不太好把握，咱们可以做个类比。如果你一天没吃饭了，这时在你面前摆上了一份美味大餐，你的眼睛是不是该放光了？这就是热切的、迫不及待的目光。演讲者能把这种感觉表现出来，热切的表情就八九不离十了。

大家应该注意到了，在谈表情的时候，我谈到了目光。并不是我写书的时候思维太跳跃，而是因为表情和目光是不能割裂开来的。不信大家试一试，你闭上眼睛，然后做出一个兴高采烈的表情，好完成吗？有点难度。换一个，还是闭上眼睛，做一个勃然大怒的表情，好完成吗？照样有难度。为什么？因为没有目光的配合。眼睛是心灵的窗户，人们的喜怒哀乐固然反映在一颦一笑间，但更重要的还是要通过目光流泻出来。

配合着前面讲的三种表情，实际上我们已经大致了解了竞聘演讲中最常用的三种目光：一种是友好和善的目光，这是与微笑的表情相伴随的，是温暖的；另一种是坦诚坚定的目光，这是与自信的表情相伴随的，是清朗的；第三种是炯炯有神的目光，这是与热切的表情相伴随的，是火热的。

当然，人们的目光绝不仅仅只限于以上三种。比如，当我们对某事不清楚的时候，我们会投以询问的目光；当我们对某事不赞成的时候，多半会用严肃的目光予以制止；当我们对某事极度不满的时候，我们会投去愤怒的目光……但是，这些目光多半和我们竞聘演讲的语境是不切合的，在竞聘演讲中很少用到，所以，在这里咱们就不详细介绍了，大家用好三种目光语就可以了。

按道理，这三种目光语大家理解起来并不困难，最让人头疼的是演讲者站在台上眼睛不敢往下看，或者说不知道往哪里看好。我们都知道，演讲者不看听众是绝对不行的。首先，演讲的时候目光游移，或者干脆埋头看讲稿，这都是不自信、没有礼貌的表现，这一点我已强调了很多次了。另外，演讲者如果不看听众，那么，我们前面谈的微笑也好、三种目光也好、三种表情也好，就不能很好地向听众展示，即使你的目光再热切，但你低着头谁又能看到呢？这不就如同缘木求鱼吗？所以，演讲者必须要正视听众，无论台下有多少人,都必须让每一位听众都感受到,你的目光在和他交流。换言之,演讲者的目光要照顾到会场的每一个人,怎么做到这一点呢?在这里,我介绍三种与听众进行目光交流的方法:

用虚视缓解紧张。绝大多数演讲者,看到台下黑压压的听众,感受着他们火辣辣的目光,紧张情绪就会加剧,所以,演讲者大都不敢直视听众。这个时候,我们可以采用"虚视"的方法。什么是"虚视"呢?所谓"虚视",简单说就是似看非看,所有的听众都能感觉到演讲者投过来的目光,但是演讲者的目光和任何一位听众又都没有对接。"虚视"的时候,演讲者的目光要落在听众席的中后部和自己目光平行的位置上。

用凝视增强自信。"虚视"是缓解演讲者登台之初紧张恐惧心理的好方法,但这也仅仅是在演讲之初那一个时间段有效。演讲者的目光不可能也不应该在整场演讲中一直这么虚视下去。随着演讲的展开,演讲者的目光必须要和听众形成"交集"。大家应该还有印象,在讲心理素质突破训练的时候,我讲过以"在听众中找朋友"的方法克服紧张恐惧心理。所以,演讲者的目光可以首先注视那些"朋友型"的听众,比如,平时对你比较赏识器重的领导、比较要好的同事,或者虽然不认识但是对你的演讲表现出浓厚兴趣的听众等,演讲者可以大胆地和他们进行目光上的交流。像自信的目光、热切的目光,可以毫不吝惜地投向这些人,这样演讲者的自信心就会越来越强,对演讲现场的把握和驾驭也会越来越好,演讲会越来越在状态。

用扫视照应全局。凡事都要有个"度",在"度"以内叫恰到好处,超过了限度就会适得其反。虽然和"朋友型"的听众对视可以增强演讲者的自信，对演讲非常有帮助，但是，你总盯着那么几个人看，势必会冷落了其他听众，那你"得罪"的人就太多了。在演讲过程中，演讲者的目光必须要扫视听众，照顾全场。所谓扫视，就是演讲者的目光要以听众席的中间部分为中心，由左到右，再由右及左，交替进行，这样所有的听众都会感觉到你在注视他，并自然而然地应和你的目光和情绪。在扫视的过程中，演讲者可以将目光在"朋友型"听众的脸上多停顿几秒，吸取完"力量"以后继续扫视全场，直到整个演讲结束。

最后，来谈谈手势。在前面，我们解决了在有讲桌或无讲桌状态下手要往哪里放的问题，现在，我们再来解决一下手该怎么动的问题。

我个人一直认为，手势是最没有一定之规的，最流畅的手势应该是随着语言的流淌自然而然地做出来的。比如，我们熟悉的电视节目主持人白岩松，他的招牌动作是"搬砖头"，他在讲话的时候手习惯性搬来搬去；再比如，大家都非常熟悉的百家讲坛的主讲嘉宾蒙曼，她有几个习惯动作，大家看着也很舒服。所以，一讲到手势，大家不要一下子就想到电影中伟人的动作幅度非常大的手势。他们为什么喜欢用动作幅度大的手势呢？主流的解释是他们当时演讲的场面非常大，而且多为露天演讲，幅度大的手势听众才看得清楚。这个解释乍听起来非常有道理，但我认为它经不起推敲。

"事实胜于雄辩"。还是举一个演讲实例。我不止一次提到马丁·路德·金的演讲——《我有一个梦想》。这是一场家喻户晓的演讲，演讲稿也被收录到了中学课本中。当时，著名的黑人运动领袖马丁·路德·金在林肯纪念堂的台阶上，面对成千上万的听众，发表了这振奋人心的演讲。虽然底下人山人海，但马丁·路德·金根本没有劈掌、握拳、举手等动作幅度非常大的手势，可见，手势幅度的大小和演讲场面的大小是没有绝对的必然联系的。我个人分析，有些演讲者之所以手势幅度非常大，更主要的还是与他们自己的动作习惯和爱好有关，其他人不宜去盲目模仿，否则动作会显得生硬、不协调。

说到这里，可能有朋友会想，这下好办了，我可以想怎么做手势就怎么做手势了。实际上，这样的理解也是片面的。做手势可以随心所欲，但必须是在恪守一定原则基础上的随心所欲。关于手势的一些约定俗成的规矩我们是必须要遵守的，比如，不能竖中指，不能对听众指指点点，不能挑起大拇指对自己等。为什么不能挑起大拇指对自己呢？因为竖起大拇指，这是一个表示赞许的手势，是对他人的；如果这样对自己，就有点"老子如何如何"的味道，透着一股江湖气。

除了这些约定俗成的不能做的手势，还有几种我们在竞聘演讲中可以采用的手势，我在这里简单介绍一下，供大家参考。大家可以在这个范围之内选择并设计自己的手势语言。

第一种是实际手势。什么是实际手势呢？就是手势所展现给听众的信息和演讲内容是完全吻合的。比如，演讲者在谈工作思路的时候说"上任以后，我将努力做好三方面的工作"，与此同时伸出三根手指，这个手势所传递的信息和语言所传递的信息就是完全吻合的；再比如，演讲者在说"我先来谈第一方面"的时候，伸出一根手指表示一（要注意不能是中指），或者演讲者扳着手指数"我要做好三方面的工作，第一是……第二是……第三是……"这些都是实际的手势。就我个人的经验看，在竞聘演讲中，这种实际手势所占比重还是不小的。因为，竞聘演讲一个比较显著的特征就是进行条分缕析的说明，几方面的特长，几点优势，从哪几方面开展工作等等，反映在手势上都可以用数字的形式进行强化。

第二种是模拟手势。模拟手势是相对于实际手势来说的。刚刚我讲到了，具体数字我们可以用实际手势表现。那么，像"加大力度、拓展市场、提高生产率、降低成本"等等表现程度的内容，就需要用模拟的手势，进行高低大小快慢强弱等的模拟展示。比如，我们可以以手掌向下压表示降低成本，以双手由内向外推出表示拓展市场，以手掌由下向上抬起表示提高效率等，这些也是竞聘演讲中经常会用到的手势。

第三种是表意手势。在竞聘演讲中，演讲者有可能还会用到表意性手势。所谓表意性手势，就是这个手势可以强化我们要表达的情感或情绪。因为竞聘演讲的工作思路部分以陈述、分析、论证等为主，所以表意性手势多用在开场白、优势介绍和结尾这三个部分。我们来举两个例子。比如，当我们在谈竞聘优势的时候说"我深深地热爱这份工作"时，可以把手放在胸前，用这个表意的动作来强化和烘托"热爱"这个词，以更好地感染听众。再如，当演讲者在结尾的时候说"由衷地希望我成为大家的选择"时，说"由衷地希望"时可以将手放在胸前，说"成为大家的选择"时，可以双手分开指向听众，这也是示意性动作，对演讲者表情达意是很有帮助的。

我们可以在这些手势的基础上，为自己设计几个大方舒展的固定动作。我建议大家，不妨对着镜子说一段话，在说的时候，配合以适当的手势，并从中找出哪些手势自己做着最自然、最舒服，然后强化这些手势，让其成为你的习惯动作，形成肌肉记忆。这样，在演讲的时候，这些手势就可以自然而然地展现出来，而这些也正是你区别于他人的招牌动作。

还要提醒大家的是，在练习的时候，我们不光要注意练手势，还要练习手势和手势之间、手势和常态演讲动作之间的衔接和切换，以及手势和目光、表情等的整体配合。我发现，有的演讲者，单独的手势做得很漂亮，但手势之间的衔接不好，手势和常态动作的切换也有问题，整体给人的感觉还是生硬做作。我们看那些手势自然大方的人，他们手势和手势之间的衔接和切换做得是非常好的。

到这里，竞聘演讲的态势语部分就全部讲完了。最后，我想和大家再唠叨一些细节问题。在竞聘演讲的全过程中，我们一定要注意不能有不文雅、不礼貌的行为，比如不能插口袋、叉腰、挠痒痒、抠鼻子、揉眼睛、抻衣服、理头发、正领带，甚至抓耳挠腮等这些小动作。另外，在上台演讲之前一定要关闭手机，虽然演讲者不至于随意到在演讲的时候接听电话，可一旦有电话打进来会使演讲者分神，还是关闭为妙。"细节决定成败"，在这些细小的地方，希望大家要特别留意。

第四章　练就沉着从容的应对技巧

> ……如果非要寻找出放之四海而皆准的所谓控场技巧，那也只有两个字——心态。在控场这件事上，心态永远比技巧重要。

第1节
控场——展现急智的良机

"控场"比较好理解，就是有效调动情绪、掌控演讲现场的意思，套用一句流行语就是hold住。我认为，从严格意义上讲，控场应该包括两个层次，一个是主动控场，一个是补救控场。

主动控场的关键点在"主动"二字，也就是通过演讲者有意识的、积极的、主动的行为去营造良好的演讲氛围，追求最佳的演讲效果。仔细思考一下，前几章所讲的内容，实际上都属于主动控场的范畴。因为，无论是有效克服演讲紧张恐惧心理，还是书写精彩的演讲稿，以及对声音和态势语的精准把握，所有这些，其目的都是为了使竞聘演讲更生动、更精彩、更吸引听众，更好地"hold"全场。因此，竞聘者为争取演讲成功所做的一切努力，我们都可以称之为主动控场。

那么，什么是补救型控场呢？补救型控场通常指以下情况：虽然演讲者为演讲进行了必要的准备和努力，但实际的演讲效果不甚理想，或者在演讲过程中出现了一些始料不及的尴尬状况，为了扭转局面，取得一个比较好的结果，演讲者要及时做出反应，或是迅速对演讲内容进行调整，或是妥善应对突发状况，积极补救。在此，我们可以做一个形象的比喻，如果把主动控场称作"未雨绸缪"，那么，毫无疑问，补救控场就是"亡羊补牢"。

因为主动控场我们在前面已经讲得很详细了，所以，在这一节我们重点研究补救控场，为了简洁起见，我们将其称为控场。

一、控场，心态比技巧重要

经常有学员问我，控场有没有特别管用的技巧？我总会告诉他们，如果非要寻找出放之四海而皆准的所谓控场技巧，那也只有两个字——心态。在控场这件事上，心态永远比技巧重要。

我为什么这么强调心态的重要性呢？因为，我发现很多朋友如果在演讲时忘词了，或者演讲过程中麦克风出现故障了，再或者开场白和其他人的开场白撞车了等等，那么，他们的第一反应要么是紧张、恐惧，要么是沮丧、郁闷，甚至焦躁。而控场恰恰是一种应激反应，需要的是沉着、机敏和智慧。你越紧张、焦虑、郁闷，越觉得自己倒霉，越会产生情绪上的抑制作用，阻碍思考和反应，就会应对乏术，到头来把演讲搞得一塌糊涂。所以，大家应该牢记一句话：要想控场好，先要心态正。那么，针对有效控场，演讲者应该具备怎样的心态呢？

首先，我们要处之泰然。不是有那么句话吗？"人在江湖飘，难免不挨刀。"在绪论中我们讲到了，由于竞聘演讲特有的属性，在演讲中出现一些意外甚至是让人不快的情况都是有可能，而且是正常的。如果在演讲过程中突发状况落在我们头上了，我们的第一反应应该是接受，而且要处之泰然，而不是抱怨，不是怨天尤人。要知道，竞聘演讲中发生意外情况，就像夏天的雷雨、冬天的风雪一样，是再自然不过的事情了，抱怨也无济于事。

其次，我们要受之怡然。对竞聘者来说，处之泰然可能还好理解，也比较好接受。但说到受之怡然大家可能就不理解了。"倒霉"的事让我碰到了，我不埋怨、不抱怨就已经很不错了，让我欢天喜地地面对，受之怡然，这太困难了吧？究竟困难不困难呢？我给大家讲个故事。

林语堂的名字相信大多数朋友都不陌生，他是我国当代著名学者、文学家、语言学家，小说《京华烟云》就是他的代表作之一。有一次，林语堂要参加一个万人演讲，为了有一个比较好的形象，他特地去香港定做了一套西装。这套西装在演讲前一天的下午送过来了，林语堂一试，非常合身，美中不足的是裤子的右裤腿稍微短了一公分左右。当时有三个人都注意到了，这三个人就是林语堂的老母亲、妻子和16岁的女儿。西服再送回去改肯定是来不及了，林语堂觉得这也不是什么大毛病，一般人谁都不会留意，就和没事人一样把西服收了起来。

晚上，林语堂的老母亲怎么也睡不着，心想自己的儿子那么有名望，怎么可以穿一个裤腿长、一个裤腿短的西服去演讲呢？于是她悄悄起身，她把左裤腿剪了一公分，并缝好熨好，安心睡觉去了。

林语堂的妻子也睡不着。到了午夜，她也悄悄起身，把左裤腿剪了一公分，并缝好熨好，安心地睡觉去了。

天快亮的时候，林语堂的女儿醒了。老实说，她也没睡好，一晚上爸爸高大的形象总与一个裤腿长、一个裤腿短的画面联系在一起，于是她也来到更衣室，把左裤腿剪了一公分，并缝好熨好后回房小睡了一会儿。

林语堂一大早起床后洗脸、刷牙，然后换西服，三个女人不约而同地等待着"见证奇迹"。可是林语堂换好衣服出来后，大家都傻了：昨天明明右裤腿短了一公分左右，今天，怎么反而左裤腿短了这么多？弄清了事情的原委后，林语堂决定，就穿着这身衣服去演讲！

主持人介绍完，林语堂从容地走上讲台，台下掌声如雷，当然，掌声中还夹杂着阵阵笑声。本来嘛，谁看到这样滑稽的着装不觉得好笑呢？待掌声和笑声平息下来之后，林语堂将裤子的故事娓娓道来，最后他说："世界上最真、最纯洁、最伟大的爱都会出现沟通障碍；世界上最真、最纯洁、最伟大的爱都需要良好的沟通。"话音未落，台下再一次爆发出雷鸣般的掌声。

大家想想，如果换了一般人，可能穿着一个裤腿长一个裤腿短的裤子在上万人面前演讲吗？绝对不可能！丢不起那个人！但林语堂就是林语堂，他敏锐地意识到这个失误恰好是一个机会，利用这个机会他好好地"秀"了一把，现身说法，对沟通的重要意义进行了形象地诠释，充分展现了他的深刻、睿智，将坏事变成了好事。这可以说是受之怡然的典型案例。应该说，受之怡然抓住这个机会，变不利为有利，将坏事变好事，也正是控场的核心和精髓。

二、竞聘演讲实用控场技巧

(一) 如何处理演讲者自身的失误

在竞聘演讲中，演讲者最有可能出问题的三个方面是：忘词、口误和失态。我们一个一个地来看。

1. 忘词——只有自己知道的秘密

如果我问大家，在竞聘演讲的过程中最害怕什么？我想恐怕有一半多的朋友会告诉我，最怕忘词。想象一下，如果站在台上忽然不知道自己接下来该讲什么了，那确实是一件挺让人崩溃的事。但是，我们能不能换一个角度理解呢？如果你不示意听众你忘词了，听众又怎么知道你忘词了呢？可能有朋友说这话听起来像绕口令，不好理解。其实，这里面并没有什么深奥的理论，归根结底，我就是想告诉大家，听众是在听你演讲，而不是在看你的稿子，他们并不知道你打算讲什么内容，你计划先讲什么，后讲什么，用什么词、说什么话，只有你自己最清楚，所以，忘词是只有你知道的秘密。

如果忘词以后你非常从容镇定,并迅速地找出替代语句,而不是以惊慌失措、张口结舌、抓耳挠腮,或反复重复上一句话等表现提醒听众你忘词了,那听众根本觉察不到,他们会以为,你原本就是要这么讲的。而且,即使你所使用的替代语句使句与句之间衔接得不是很紧密,只要不影响整体表达,也是无关紧要的。因为咱们讲过,听众是善忘的,也许他们听到后面的精彩之处,就把前面的小小瑕疵忘记了呢。

忘词没什么大不了的。那么,一旦忘词了,我们具体该怎么做呢?有三个小技巧供大家参考:

技巧之一,置之不理。前面讲了,听众事先并不知道我们要讲的内容,所以如果忘词,我们可以采用置之不理的方法,忘了就忘了,跳过去,接着讲下面的内容就可以了。比如,我们原计划讲五点工作设想,当讲完第二点的时候,第三点是什么忘记了,想不起来了,这时我们可以稍做停顿(不要害怕停顿,因为要点与要点之间本来就应该有停顿),理一下思路,停顿过后,直接把下面的内容提上来继续讲就可以了。

在继续讲的过程中会出现两种情况。第一种情况是在讲的过程中,某句话或者某个信息的刺激会帮助我们回忆起被遗忘的内容。这时,我们要切记,不能改变演讲的顺序,也就是说不要匆匆忙忙地把回忆起来的内容赶紧说出来,而是要把当前讲的这点内容全部讲完,再把我们回忆起来的内容放在下一条,或者干脆把它作为最后一点,放在最后讲。由于听众不知道你本来想先说哪个问题,后讲哪部分内容,所以我们也没有必要使用连缀或过渡的话语,告诉听众我改变了讲话的顺序，那样反而会弄巧成拙。第二种情况是，直到我们把后面的内容全部讲完，我们还是没有回忆起自己遗忘的那部分内容，怎么办呢？如果你事先没有向听众说明你要讲几部分内容，那么，你就可以结尾了，遗忘的内容就不讲了。这样做，虽然你的工作思路没有阐述完全，不够丰满，但总比你想讲又磕磕巴巴地讲不全效果要好。而如果你已经告诉听众你要讲几点内容了，那么你就得运用第二种技巧了。

技巧之二，巧妙遮掩。巧妙遮掩，是在竞聘演讲中对付大段遗忘内容比较有效的方法。举个例子，假如我们在谈工作思路之前说了："……我将不遗余力做好以下三个方面的工作……"可讲完第二方面的举措以后，却怎么也想不起下面要讲什么了，那该怎么办呢？我认为，遇到这种情况，有两种补救的办法：

一是"抓词"，就是把我们最熟悉的内容拿过来讲。比如，加强学习，不断提高自身综合素质；严格要求自己，勤政廉洁；等等，诸如此类的内容应该说大部分朋友还是比较熟悉，能够"张嘴就来"的。用它们临时来填充工作思路，虽然不完美，有官话、套话的味道，但至少不会出现原则性的错误，而且在紧急情况下，我们能够在第一时间想起来的，恐怕也就是这些内容了。这样随机处理一下，就可以把忘词的尴尬巧妙遮掩过去了。

如果有部分朋友因为紧张，连这些熟悉的内容都组织不好，或者真的不愿意说这些大众化的语言，那也不要紧，我们还有一招，干脆就不讲了！不讲之后我们该怎么收场呢？大家记一句话，在非常紧急的情况下简单套用就可以了。这句话就是："没有执行就没有一切。我的第三条工作措施就是把前两条工作设想不折不扣地落实到工作实际中！"我们看，明明是自己忘了，但这么一处理，反倒突显了执行的重要性，不但进行了巧妙遮掩，而且使听众觉得这样的提法新颖、有气势，与众不同。

技巧之三，提纲挈领。 大家回忆一下，我们小时候背课文是不是经常出现这样的情况？我们背得非常流利的一篇课文，可能会在某个地方突然卡住了，后面的内容说什么也想不起来了。这时，如果有人提醒我们一句话，或者哪怕只提醒一个词，我们也会很容易记起下面的内容，滔滔不绝地背诵下去了。背课文是这样，背演讲稿又何尝不是这样呢？实际上，令大部分朋友胆战心惊的忘词，更多的是某个记忆结点上的短路，而不是全部或大部分内容真正的遗忘。也就是说，我们的记忆卡在某一个词、某一句话或某一个数据上了。所谓的忘词，更确切地说就是对这些关键信息的遗忘，只要想起这些信息，后面的内容就会如江河奔涌了。基于这个道理，我建议大家可以采取提纲挈领的办法，在准备演讲的过程中，把演讲稿中的"关键点"以及你在背诵稿件的过程中经常卡壳的"易遗忘点"做成提纲，写在小卡片上或者掌心上，这样，在我们遗忘了这些关键信息并阻断记忆的时候，只要用眼扫一下，就会很容易地回忆起下面所要讲的内容。而且，如果你进行了这样的准备，你的潜意识就会告诉你，忘词也不怕，因为我有准备，这样一来，你的心态就放松下来了，反而不容易遗忘了。

·温馨提示：忘词后千万不能做的事

不能惊慌失措、抓耳挠腮、左顾右盼，这样一来听众会很容易从你的态势语中解读出你忘词了！

不能用"嗯……""那个……""这个……"等等口头语来填补讲话的真空，如果你确确实实不知道要说什么，那么就先停顿吧！

不能反复重复上句话的内容，那样会显得很傻很尴尬。

不能鞠躬下台当逃兵。

2. 口误——不必耿耿于怀的瑕疵

曾经在网上看到一个笑话：有一个年轻人，非常有礼貌。一天清晨，在门口遇见了邻居。他主动上前和人家打招呼，本来想说："上班啊，大姑。"结果鬼使神差地说成了："上姑啊，大班。"这个年轻人说，当时真恨不得把自己的舌头咬下来，太难堪了。

其实，像这种脑口不一的现象，在我们生活中时有发生、屡见不鲜。比如，脑子里想的张三、嘴里叫的李四，把"现在开会"说成"现在散会"，把"安静，别说话"讲成"别安静，说话"，等等。不但普通人会出现口误，就连国家政要、著名演讲家、著名主持人等都难免口误。比如，媒体就曾罗列了美国总统布什执政期间的十大爆笑口误，而央视著名主持人朱军在主持 2008 年春节晚会的时候，介绍小品《军嫂上岛》时也发生了"作为军人的丈夫"（实际应该是"作为军人的妻子"）的口误。举了这么多例子，我只是要说明，对任何人来讲，口误都是在所难免的。所以，发生口误后，我们没有必要过分在意，耿耿于怀。

那出现口误以后应该怎么办呢？我认为，口误可以分为一般性口误和严重口误。什么是一般性口误呢？一般性口误，就是对语意没有造成重大影响的口误。发生这类口误时，我们及时更正过来就可以了，绝大多数听众也不会那么苛刻，非要抓住你的口误不放。咱们还是举一个例子。我曾经不止一次地提到过中央民族大学蒙曼老师，她因为在中央电视台《百家讲坛》栏目精彩讲述一代女皇武则天而声名鹊起。当初在收看节目的时候，我发现蒙曼在讲的过程中常常会有说错话的情况，比如说错人名、地名，念错读音，等等，她当即就不慌不忙地予以了更正，我们听着不但不觉得别扭，还有很真实的感觉。我们在竞聘演讲的过程中，如果出现了一些无关大局的口误，那么不要过分在意，更不用后悔和自责，我们不妨学学蒙曼，及时改正过来就可以了。

什么是严重口误呢？严重口误就是指严重影响语意、会产生负面影响的重大口误。大家想想看，我们在竞聘演讲的时候，出现严重口误，比如出现观点性的错误，立场性的错误等，这样的概率高不高啊？肯定是不高的。竞聘演讲我们准备了那么长时间，背诵了那么长时间，绝对不可能把观点都背错了，所以，我们最有可能出现的是一般口误，而不可能是严重口误。如果非常不幸，出现了严重口误，那你也别遮遮掩掩了，那是根本遮掩不住，怎么办？必须要给出正确的信息，及时改正过来。开句玩笑，咱们看公安机关的墙上不都有八个字吗？"坦白从宽，抗拒从严。"我们出现重大口误以后，也要用一个坦诚的态度，争取听众的"从宽发落"。

·温馨提示：口误后千万不能做的事

不能惊慌恐惧、方寸大乱。说错话不是世界末日，过分的自责和恐惧非但于事无补，还将抑制我们的思维能力和应激能力，使我们更加束手无策。

不能使用"不对，应该是……""哎呀，错了……"等更容易放大错误效果的语言去修正自己的口误，换句话说就是不要那么"诚实"和直白地告诉大家你说错话了。

不能鞠躬下台当逃兵。

3. 失态——可以一笑置之的插曲

什么是失态？演讲者的衣服扣子没有扣好、领带打歪了、裤子的拉链开了，或者演讲者失手碰翻了讲台上的水杯、上台的时候被障碍物绊倒等等，我们都可以称之为失态。在演讲中，失态时有发生。咱们前面讲的林语堂先生一个裤腿长、一个裤腿短的故事就是一个例子。接下来我再说一个例子。2008年10月13日，美国总统布什在白宫举行庆祝哥伦布日晚宴，当时在美国访问的意大利总理贝卢斯科尼应邀出席并讲话。贝卢斯科尼走上讲台，面对宾客发表祝酒词时，不小心撞在讲台上，也不知道他天天吃什么，哪来的那么大劲，居然将讲台台面撞了下来。为了能继续对着台面上的话筒发表演讲，贝卢斯科尼不得不手捧讲台，弯着腰去就话筒，堪称极品失态了。

连大国政要都有可能遭遇这样的糗事，那么，我们在竞聘演讲的过程中遇到一些沟沟坎坎的麻烦事也应该释然了。我建议大家，将竞聘演讲中的失态，看作是调节气氛的小插曲，坦然面对，努力争取将坏事变好事，彰显气度，征服听众。

实际上林语堂先生的故事，已经给出处理失态的最佳办法，那就是从失态事件本身提炼出一个有益的结论，引起人们的思考。除此之外，我们还可以对失态行为本身进行巧解妙说。比如，有一位竞聘者，在上场的时候被电线绊倒了，他不慌不忙地站起来说："我为大家的热情所倾倒了。"如果我们实在想不起怎么提炼有益的结论或者是怎么进行巧解妙说，那还有一招最管用，也最好使。是什么呢？坦白！因为坦诚的态度最容易让听众接受，也最能赢得大家的理解和同情。所以，在失态以后当你真的无言以对的时候，你不妨说一句："不好意思，我太激动了，让大家见笑了。"然后，很淡定很从容地开始演讲。

·温馨提示：失态后千万不能做的事

不能手足无措或抱怨咒骂，那样会使我们显得很没有修养和风度。

不能听之任之，和听众没有一个像样的交代。

不能鞠躬下台当逃兵。

以上是我们讲的第一大方面，由于演讲者自身的原因，即主观方面的原因影响到演讲的顺利进行。实际上，不仅主观方面的原因会影响到演讲，听众的情绪及反应同样会对演讲产生影响。美国总统布什在演讲的时候，不是就有人朝他扔鞋吗？所以，在谈公众演讲的时候，我会把演讲者如何处理来自听众的干扰作为一块重要内容来分析。但是，作为公众演讲的一种特殊形式，竞聘演讲因遭遇听众难场、闹场而无法进行的情况几乎是不存在的。所以，我们暂且忽略这方面的内容。接下来，我们谈谈如果遇到设备故障或时间调整等变故，我们该怎样处置。

（二）如何应对客观情况的变化

1. 设备故障怎么办

如果我们在演讲的过程中突然遭遇停电、麦克风故障、音频、视频不能正常播放等情况，千万不要慌张，更不能抱怨。而是要把它当成一个向听众展示自己素质修养的良机。与此同时，视当时的具体情况决定自己的行为。如果需要等待故障排除再演讲，那么我们就要耐心地等待，调整好自己的状态，随时准备以最佳的状态继续演讲；如果当时的情况不允许等待，那么就要非常从容地继续演讲。如果是麦克风出了故障，在接下来的演讲中就要尽量提高声调，使听众都能听清楚；如果是一些音像资料不能正常播放，那么我们可以把其中的内容复述给大家听，总而言之要灵活应对。

2. 时间调整怎么办

按道理说，竞聘演讲是有严格的程序规定的，临时出现调整的概率比较低，但也不能保证绝对不会出现。

如果我们临时得知实际演讲的时间比我们准备的时间短，那没有其他办法，只能删减我们的演讲内容。在删减的时候，要遵循去次要、保筋骨的原则。就是说，我们认为是重点的、听众必须要知道的内容尽量要保持全貌，对于一些次要的内容，我们可以只讲标题，把标题下展开的内容略去。在这里我要特别提醒大家,一旦发生时间不够的情况,我们可以删减内容,但绝对不可以加快语速。也就是说,我们要减内容、保质量!我曾看到过有的人为了赶时间,话说得像打机枪一样快,不但他自己累,听众听着也累,甚至根本听不清楚他在说什么,这种徒劳无功的赶时间的方法是不可取的。

如果出现我们开始准备的内容少、演讲时间长的情况,我们可以把演讲的内容抻长,对于我们熟悉的内容,可以多讲,讲深、讲透,有效填补演讲时间。

第2节
答辩——从从容容才是真

对绝大部分竞聘者来说,竞聘演讲结束,整个竞聘活动也就随之结束了,接下来就是等待揭晓最后结果的激动人心的时刻了。但是,有一些用人单位的竞聘活动中还有一个非常重要的环节——竞聘答辩。

大部分朋友对竞聘演讲或多或少有些紧张,如果再面临竞聘答辩,心理紧张程度就会越发强烈。因为,不管怎么说,竞聘演讲毕竟还有一个预先准备的过程,而在竞聘答辩的时候,考官会提出什么具体问题,竞聘者事前是一无所知的,因此只能去揣摩、去猜测。也就是说,在答辩之前,竞聘者只能做一些笼统的、方向性的准备,不可能针对具体题目做出"标准答案"。即席回答、临场发挥,这对任何人来说都是比较有难度的事情。我曾经听很多学员说,一听到"答辩"

两个字，就紧张得无法呼吸，仿佛血液都快要凝固了。我非常理解他们的这种感受，也知道这绝不是夸张之辞。

但是，理解并不意味着赞同。在第一章我们反复讲过"关心则乱"的道理。也就是说，我们越关心一件事，越患得患失，就越容易影响正常发挥。我们的本意是要做到最好，但因为紧张恐惧反而会弄得一团糟。所以，要想顺利通过竞聘答辩，我们首先要过的还是心理关。请大家在竞聘答辩之前，参照我们第一章中给出的方法，进行适当的心理调试和心理建设，这是大家通向答辩成功的必由之路。在此基础上，我们再来解决一些技术层面的问题。

一、答辩成功的三个关键因素

要想顺利通过答辩，我们必须要做好哪几个关键步骤呢？我归纳了一下，有三方面的因素至关重要。

第一，我们要有一个合理的预期。也就是说，关于答辩，我们不可对自己要求过高。我接触过的很多学员，都曾向我提出过类似的要求："我过几天就要答辩了，麻烦您给我设计一套方案，让我在答辩中能够超常发挥吧！"

实际上，所谓的"超常发挥"就是一个过高的期望值，是不合理的预期。为什么呢？很简单，竞聘答辩时考官会提什么问题，我们提前是不知道的。当然，也不排除竞聘中有舞弊行为，题目外泄了；或者个别朋友运气出奇得好，押题押准了的情况。但前者属违规违纪行为，后者则无异于"天上掉馅饼"，都不是常态。在常态之下，竞聘者无从知晓题目，更无法进行非常有针对性的准备，从这个角度看，竞聘答辩的难度比大家都怵头的竞聘演讲的难度还要大。在这种情况下，能正常发挥已经就很不错了，怎么还能奢望超常发挥呢？

正常发挥应该是什么状态呢？我认为，正常发挥，就是要自信自然、大方镇定、礼貌周到，在回答问题的时候，吐字清晰、语速适中、声音饱满、态势语恰当、答案不偏不跑、不出现非常明显的是非性、概念性错误。而且，根据我多年的竞聘辅导工作经验来看，如果竞聘者表现得非常镇定、非常从容，那么，回答问题时稍有差池都无关紧要，毕竟答辩题目是见仁见智的，没有"一就是一，二就是二"的标准答案。

而且，就我个人的经验，我认为在答辩中如果表现得过于完美也未必是好事。如果我们回答得太流利、太完美了，反倒会给人以有备而来的印象，显得不太真实。退一步讲，即使考官包括领导非常欣赏你的表现，并因此而选择了你，那你在以后的工作中一旦不能做到尽善尽美，就容易使领导产生心理落差，领导会想，他当初说得多好啊，怎么干起工作来满不是那么回事呢？难道只会纸上谈兵啊？我们选错人了？

基于以上原因，我们对竞聘答辩要有一个合理的预期，在答辩时不求光芒万丈，只求正常发挥。

第二，我们一定要正确理解考官的问题。说到正确理解考官的问题，我先讲一个小故事。从前有个小国去给大国进贡，贡品是三个一模一样的小金人，金光闪闪，非常惹人喜爱。大国国王看了非常高兴。但是，他高兴得太早了，小国使臣给他出了一道难题，请他判断这三个金人哪个最有价值？国王把珠宝匠叫来，称重量，看做工，仔细研究，怎么也分不出谁优谁劣。这可怎么办呢？堂堂大国，就这样颜面扫地吗？

这时，国王手下的一位老臣说他有办法。老臣当着使者的面将三根稻草分别插入三个小金人的耳朵里。第一根稻草从小金人的另一边耳朵里出来了，第二根稻草直接从小金人的嘴巴里掉出来了，只有第三根稻草落到了小金人的肚子里。老臣说："第三个小金人最有价值！"这就是流传甚广的"三个小金人"的故事。这个故事告诉我们在人际沟通中一定要善于倾听。

联系到竞聘答辩，我认为善于倾听主要体现在以下两个方面：

一是回答问题不抢答。竞聘答辩虽然比较紧张，但是我们必须明确，答辩题是必答题，不是抢答题。所以，我们一定要认真听，等考官的问题问完以后，再从容作答，千万不要急。人家考官那边话音还没落呢，你这边就匆匆忙忙地回答了，从你的角度分析，你可能是为了表现自己成竹在胸，什么问题都问不倒你，什么问题都能脱口而出、对答如流。但是，这恰恰是一种缺乏礼貌甚至是异常紧张的表现。不是有那么句话吗？一个人越炫耀什么，就说明他的内心越缺少什么。你越是表现得"我是考不倒的"，实际上恰恰证明了你害怕被考倒。所以，不要急。要在考官的提问和你的回答之间有一个适当的停顿，不要害怕这样的停顿。

二是正确理解题意。在答辩的时候，有不少朋友虽然貌似在认真听题，中途也没有抢话，但答辩的结果却还是不理想。为什么呢？因为他们根本没有听懂或者说根本没有理解考官的问题，答案和问题偏离太远。出现这种情况，一方面，可能是因为竞聘者太紧张了，思维短路，影响理解；另一方面，也可能是由于竞聘者对这一类问题有所准备，有了一个自以为是的"万能答案"，考官的问题还没有问完，他们脑子里已经冒出了那个"万能答案"，这样极有可能造成答案和问题毫不相干。咱们举个例子。比如，在一次竞聘答辩中，考官的问题是："请你描述一下，如果你竞聘成功，你会为工作带来哪些改善？"说句实在话，这是一个难度指数比较低的问题，也没有问中有问、话中有话之类的答题陷阱，考官就是想了解，如果由你来主持工作，你会把工作做成什么样子。很显然，这样的问题要的是结果，你需要描述的是在自己的努力下，整体工作会呈现出怎样的态势。但是，有一位答辩者却滔滔不绝地向考官描述自己上任以后要如何开展工作，这和题目的要求就风马牛不相及了。究其原因，就是因为他没有准确理解题意。

第三，我们一定要注意礼貌周到。举止谦和、彬彬有礼是竞聘者必备的素质。在答辩过程中，竞聘者必须言行得体、礼貌周到。应该说，礼貌周到贯穿于答辩的全过程，体现在方方面面，在这里，我着重强调四点：

一是在仪态上要站有站相，坐有坐相。关于仪态问题，我们在讲态势语时已经讲了很多了，为什么在这里我还要"啰嗦"呢？因为，按照常理，在众目睽睽的演讲台上，即使平时再随意的人都会有意识地克制自己，保持一个比较好的仪态。但是，答辩就不一样了。一般情况下，由于答辩的时候只面对考官，"现场感"相对较弱，再加上紧张等因素的影响，某些人的一些小毛病、小动作也就不自觉地流露出来了。所以，我觉得有必要再强调一下仪态问题，给大家提个醒。

我简单举几个例子。比如，有的朋友落座以后不是挺直腰板坐好，而是随随便便地靠在椅背上；再如，有的朋友站立的时候还勉强控制得住，而一坐下就会不自觉地抖动双腿，而且越紧张越答不出问题的时候，抖动得越明显；还有的像椅子上有钉子一样坐不安稳，或者不自觉地摆弄手边的纸、笔……诸如此类的行为都会给考官留下不好的印象，我们必须要杜绝，礼貌周到这根弦一定要时刻紧绷，不能有一丝一毫的懈怠。再有，一定要注意，进场答辩要关闭手机，不要纠结于万一关机错过了重要的电话怎么办，即便是天大的事也没有眼前的答辩重要，一切事情都等答辩以后再行处理。

二是在语言上要礼貌得体。首先，我们在开始答题的时候，一定要有称谓，有问候，我们可以先说："各位考官（或各位评委），大家好！"然后再说："关于这个问题，我是这样思考的……"或者说："假如由我主持这项工作，我会分三个步骤去推进工作……"由此引出我们的答案。回答完毕之后，要非常明确地告诉考官："我的回答完毕，谢谢！"当然，这是在回答第一道题目时的模式，在回答后面问题的时候，我们就没有必要再重复"各位考官（或各位评委），大家好"了，那样就成了复读机了，怎么听怎么不自然。这个时候我们可以说："关于这个问题，我的思考是（我的想法是）……"，直接引出自己的答案就可以了。但是在回答完问题之后，我们不要怕麻烦，还是要很清晰地告诉考官："我的回答完毕，谢谢！"这个最好不要省略。

其次，我们在答辩的时候不要使用问句，也就是说不能以问代答。虽然咱们在前面讲过，适当设疑能有效引导听众的思想和情绪，但那只适用于演讲。在答辩的时候，我们不能这样问考官："难道这不是一个很好的举措吗？"或者，用近乎设问的方式说："我是怎么考虑的呢？我是这么想的……"等等。大家一定要注意，此类语言不能出现在答辩之中，因为这样是滑稽的、自傲的甚至是无礼的表现。

三是要和考官进行目光上的交流。在谈竞聘演讲的时候我一直强调，演讲者要用目光和听众进行交流，目光语非常重要。大家肯定还记得，我们讲在演讲的过程中，为了缓解紧张，演讲者可以虚视。但是，在答辩的时候你再虚视考官、似看非看还行不行呢？很显然，是不行的。当然，抬头看天花板或低头看地等目光语就更加讨厌了。因为，这样的表现，背后的潜台词就是你对考官不屑一顾，你说考官对你的印象还能好吗？有朋友可能会说了，我真的没这想法，这么说我真比窦娥还冤呢。我不是轻视人家，我是不敢看人家啊。现在我告诉你，虽然你是害怕，是不敢看，但别人就认为你是轻视，是不愿看，事实就是这么残酷。所以，不论敢不敢看，你都要看！都要坦诚、积极、大胆地和考官进行目光上的交流。

还有朋友说："我不知道看哪儿啊！"这确实是个问题，和考官交流的时候我们的眼睛该看哪儿呢？首先，向你提问的那个考官，你的目光在他那里停留的时间要长，要直接和他进行目光交流。与此同时，为了照顾到其他考官，让在场所有人都能感受到你对他们的尊敬，在答题过程中，你要适当地扫视其他考官，然后再把目光收回到向你提问的考官身上。这样的目光转换过程要贯穿在整个答题的始终。当我们和考官进行目光交流的时候，最好用真诚的、恳切的目光注视着考官的眼睛。"眼睛是心灵的窗户"，考官从你的目光中是能够读懂你的真实情感的。

四是答辩活动要善始善终。具体讲就是在答辩结束后，要向考官鞠躬致意，说再见，然后缓步退出，并随手关好门。如果不小心碰倒或碰到什么东西，要停下来恢复原状，不能不管不顾地往外冲，这或许正是考验我们综合素质的机会。正所谓细节决定成败，大风大浪都过来了，千万别在"细节"的小河沟里翻了船。

预期合理、听懂问题、礼貌周到，这三点我们在答辩的时候一定要做好、做到位。除此之外，还要注意回答问题的时候要简洁，不要啰里啰唆一大堆。能用三句话说明白的问题，就绝对不用五句话去阐述。回答问题时，在语音、语调、语速、停顿等方面，如果能够严格按照前面讲的竞聘演讲的要领执行，那么整个答辩就应该不会有太大的问题了。

以上是咱们讲的在答辩中要特别注意的关键环节。说到这，不少朋友可能还会觉得很忐忑，心里没底。我知道，大家心里还是非常期待"标准答案"的。前面说了，和考官的问题绝对切合的"标准答案"是没有的。谁也不是考官肚子里的蛔虫，也没孙悟空七十二变的本领，考官会问什么问题，我们确实不好揣度。那我们是不是对答辩就无法准备、无从下手了呢？也不是。我们虽然不能确切地预知考官会问什么问题，但给答辩中最常见的问题归归类我们还是可以做到的。

二、答辩中常见问题分析

根据我的研究，我把答辩中常见的问题分为四大类：

第一类是动机性问题。通过这一类问题，考官想要进一步了解你参加竞聘的动机和目的。最典型的问题诸如：请说一说你为什么要竞聘这个岗位？你以前从事的是管理工作，现在竞聘销售经理，你这样选择的初衷是什么？你参加竞聘的原因是什么？这个职位最吸引你的地方是什么？等等。

我个人认为，在回答这类问题的时候，真诚坦白最重要，千万不要一味地唱高调，那样反倒让人觉得华而不实。我们要尽量在言语间展现出自己真实率性、踏实肯干的特点。怎么做到这一点呢？

我建议大家在答题的时候可以围绕两个大的方面来答。首先，谈这个工作本身非常具有吸引力，自己喜欢这种具有挑战性的工作，可以在工作中不断学习、不断进步；同时，你确信通过自己的努力和投入，能为工作带来改善与进步。也就是说一些冠冕堂皇、到哪里都不会出错的话。这是答题的第一个方面。但如果只说这些，到此就打住了，多少会给人一种"虚"的感觉。怎么把一个真实的、有血有肉的个体呈现在考官面前呢？咱们中国有句古话："君子爱财，取之有道。"也就是说，合理合法、手段正当地去追求自己的利益是无可厚非的。所以，在答题的第二个方面，我们可以话锋一转，说："当然，这个职位的待遇比我以前的要好，同时有着更加广阔的发展空间，这也是吸引我参加竞聘的原因。我也知道，高薪水意味着多付出，高职位意味着多承担，对于这些我是做好了充分的准备的。"

我们再梳理一下，在以上这两个大方面，我们实际上表达了三层意思：

第一层意思是：工作本身吸引我，我积极上进，对自己有一个更高的要求，愿意接受更重要的工作的考验，并希望在工作中有所建树。

第二层意思是：比较好的待遇吸引我。这样说显得更真实、更自然。

第三层意思是：我知道好的待遇不会白给我，我会加倍努力工作，回报公司。

在实际答辩的过程中，我们可以根据自己的实际情况，组织串联语言，只要表达清楚这三层意思就可以了。

第二类是介绍性问题。 介绍性问题主要是指答辩者对自己的介绍与认知。在所有可能被问及的答辩题中，应该算是比较简单，也比较好回答的。常见的问题有：请介绍一下你自己（或你认为自己是什么类型的人？）。你认为自己最大的竞争优势是什么？你觉得自己最大的不足是什么？如果用一句话概括一下你这个人，你觉得最合适的话是什么？等等。

应该说，没有人比我们自己更了解自己了。但是，正因为我们太了解自己了，在答辩的一瞬间反而不知道从何谈起。所以，答辩的时候大家比较容易犯的一个毛病就是不分主次、长篇大论、铺天盖地地介绍自己。大家想想看，在绝大多数情况下，答辩是安排在竞聘演讲之后的，也就是说，关于你自己，你在竞聘演讲中介绍得已经比较清楚了，竞聘演讲中不是有"我的自画像"吗？现在，考官又抛出自我介绍、自我认知的题目，那我们最好就不要原封不动地把演讲中的内容拿过来了，在这一步可不能图省事。我们要对演讲中的内容进行必要的加工、提纯，要用非常简短、精练、准确的语言告诉考官你是什么样的人。比如，关于"请用一句话概括一下你这个人"这一问题，有一位竞聘者就是这么答的："我是一个让手下又恨又爱的人，恨的是为了工作我经常让他们加班，爱的是加班的时候我会掏腰包给他们买夜宵。"这个例子对我们非常有借鉴意义。它不是一个大众化的答案。一般人在概括自己的时候都比较喜欢说："我有能力、有激情、工作投入"等等，比较平铺直叙、而且也少有特色。这位朋友别出心裁，将自己概括为是让下属"又恨又爱的人"，通过他后面的解释，我们很清楚地体会到，所谓的"恨"是虚，"爱"是实，"恨"和"爱"都是为了工作。这是一个比较出色的概括。考官对这样的回答自然也会印象深刻。

第三类是专业性问题。毫无疑问，专业性问题在竞聘答辩中占有相当大的分量。看一个人是否胜任工作，最关键的还是要看他对工作的认识、思考，以及相应的工作举措。

对于这类问题，我们可以再细化为几个小类。第一小类是认识性问题，比较典型的问题是：你是如何看待你所竞争的岗位的？第二小类是评述性问题，比较典型的问题是：有人说行政部是"好汉不愿干，赖汉干不了"的工作，对这个问题你是怎么看的？第三小类是描述性问题，比较典型的问题是：给你一年的时间，你会为工作带来哪些改善？第四小类是议论性问题，比较典型的问题是：请你阐述一下部门合作与工作发展之间的关系？第五小类是措施性问题，比较典型的问题是：你上任以后将采取哪些措施推动工作开展？

如何回答好专业性问题呢？我想给大家两点建议。

首先，我要再一次强调，大家一定要真正听清楚问题，切切实实地明白考官究竟是让我们谈认识还是做议论，是让我们对工作结果进行描述和展望，还是对工作措施进行介绍，这是答好专业性问题最为关键的一步。只有这样，才能保证我们给出的答案"不偏不跑"。

其次，我建议大家不要想着做出应对这类问题的"万能答案"。有做"万能答案"的时间，我们不如多放在对具体工作的思考和把握上。我坚信，只要我们对业务达到足够的熟悉，无论考官从哪个角度问，以什么样的方式问，我们都能有一个比较正常的发挥。相反，如果你对业务不熟悉，即使准备了华丽的答案，只要考官提问的方式稍有变化，你还是不能很好地应对。有个成语叫"胸有成竹"，说的是画家对竹子太熟悉了，即使眼前没有竹子做参照，照样能画得栩栩如生。如果我们对所竞聘岗位的工作做到了胸有成竹，那么，我们还担心回答不好问题吗？

第四类是陷阱性问题。陷阱性问题是我给起的名字，虽然不一定准确，但是很形象，主要目的是提醒大家在回答这类问题的时候要格外当心，免得言语不周，误入陷阱，给出有失水准的回答。

由于陷阱性问题通常都比较刁钻，所以，这类问题最能考验一个人是否睿智、是否机敏。咱们来看两个例子。

案例一：和某某相比，你觉得你们谁更胜任这份工作？

大家看，这个问题虽然很简短，却暗藏"杀机"。如果你说我认为我比某某强，那很明显，你这个人不够谦虚，也不善于处理同事间的关系；那如果你谦虚一点，说我不如某某，那就更不行了，你自己都觉得人家比你更胜任了，你让考官怎么想？

这个问题，以及这一类问题我们该如何回答呢？我认为大家把握好一个原则就可以了。什么原则呢？那就是在充分尊重他人、赞美他人的基础之上，清楚明白地传达你认为自己更为合适的信息。大家来看下面的回答，我们可以借鉴一下。

我和**共事了三年，他这个人有责任心、做事认真，很踏实，我非常敬重他。具体到营销总监这个岗位，我个人觉得还是我比较有优势，因为我是外向型性格，沟通协调能力和策划能力都比较强，而且喜欢出奇出新，我确信自己能带领团队创造更好的业绩。

我的回答完毕，谢谢！

案例二：如果你上任之后，你的顶头上司命令你做违背原则的事情，你是做还是不做？

很显然，这又是一个让人左右为难到近乎崩溃的问题。你如果回答我听领导的，领导让做什么我就做什么，那么你将公司制度置于何地？你如果回答不符合原则的事我坚决不做，态度固然是好的，但这样一来你和顶头上司势必产生矛盾，进而影响工作。所以，简单地说不做也不能从根本上解决问题。那我们要怎么回答呢？一起来看看别人的答案，看看他山之石能给我们带来怎样的启迪。

咱们公司是一家规章制度健全、管理严格的现代化企业。上司指令代替规章制度的事在我们公司罕有发生。所以，我相信我遇到这类情况的概率是相当低的。如果万一出现这种情况，我首先要积极地和领导沟通，毕竟我们不能排除领导因为工作繁忙，不了解具体情况而出现的无心之错。我相信，只要我把情况介绍清楚了，并和领导进行有效、坦诚的沟通，领导肯定会有足够的智慧和勇气收回成命。如果出现最坏的情况，我的沟通失败，那么制度高于一切，任何人都不可能凌驾于制度之上，我肯定会按照规章制度的要求去做，忠诚企业，维护企业的利益。

我的回答完毕，谢谢！

我们来分析一下，这段话实际上表达了三层意思：

第一层意思是：我相信"领导让我去做违背原则的事"这种现象在我们公司是不会发生，因为我们公司制度严格、管理规范。这实际上是对公司的隐性赞美，说到了大家特别是公司领导的心坎上。

第二层意思是：退一步讲，即使出现了这样的情况，我也相信是因为我的顶头上司对工作情况不太了解，是无心之过,他绝对不是故意地要违反制度,只要我和他好好沟通,问题就能解决。这就给他的顶头上司稳稳当当地铺了一个台阶,即使顶头上司真的是"明知故犯",下属这么说了,他也会有所忌惮。

第三层意思是:如果很不幸,我怎么给领导找台阶,领导还一意孤行,那这个时候我就不能再迁就他了,因为我是企业的员工,我要忠诚企业。言外之意是那时该怎么做我就怎么做了。

大家看,通过这三层意思的表述,这个问题就回答得比较完满了,问题中的陷阱也被一一地绕过去了。

当然,以上我们只是举了两个例子,这类的问题还有很多,我们不可能把所有的问题都罗列出来,但见微知著,通过上面这两个例子,我们还是能够悟出一些躲避"陷阱"的方法的。

各位读者朋友,《竞聘演讲脱颖而出》至此就全部结束了。感谢大家的阅读,由衷地希望这本小册子能对大家有所帮助。祝愿朋友们在竞聘中都能脱颖而出!

附录 | **竞聘演讲范文**

为生命播撒爱的光芒

——内分泌科护士长竞聘演讲稿

尊敬的各位领导、各位评委、各位同事：

大家上午好！

我叫王薇，蔷薇花的"薇"，非常普通的名字，就像我们平凡的护理工作一样。但是，正如蔷薇花默默绽放的美丽一样，我们的护理工作也在平凡之中蕴含着伟大、崇高，蕴含着一份别样的美丽。这是我——一名有着十多年工作经历的护理工作者发自内心的感悟，也正是对护理工作的这份感悟促使我来竞聘内分泌科的护士长。

顺便说一下，我是大本学历、中共党员、中级职称，在硬件条件上完全符合规定。除此之外，我还具有以下优势：

第一，我深深地热爱护理工作

作为一名有着15年临床护理工作经验的医务工作者，我深深地热爱自己的工作。一袭飘然的护士服，一顶别致的燕帽，代表的是守护生命的重任。每当看着我们精心护理的病患一天天康复，我都会由衷地感到自己从事的是伟大而崇高的工作。我深深地热爱这一工作，愿意为了救治病患而不懈努力，无私奉献！这是我做好护士长工作的前提。

第二，我具有较强的业务能力

护理工作是一项对业务水平要求很高的工作，来不得半点虚假和马虎。我1991年毕业后就来到咱们院急诊科工作，一干就是6年。大家都很清楚，急诊科会接触到各种各样的急、重症患者，是最锻炼人的地方。在这6年中，我的业务能力得到了快速提升。1997年咱们院成立内分泌科后，我就一直在这里工作，9年的时光中，在与科室共同成长的过程中，我的工作能力得到了进一步地增强，而且积累了宝贵的工作经验。这是我做好护士长工作的保证。

第三，我具有良好的综合素质

我为人随和、宽容，能够灵活、妥善地处理各方面的人际关系，与患者和同事都结下了深厚的友谊；我工作中积极主动，勇于负责，具有一定的组织协调能力；我细心、耐心、有爱心，善于换位思考，能够推己及人，这是我做好护士长工作的基础。

尊敬的各位领导、各位评委、各位同事，"提灯女神"南丁格尔是我最崇拜的人。我也希望能像她一样用自己无私的心去感受病患的痛苦，去抚平病患的伤痛，去唤起病患战胜疾病的信念，为使他们早日战胜病痛，尽自己的绵薄之力。如果承蒙大家的厚爱，我竞聘成功，我将全力以赴做好以下工作：

第一，更新服务理念，建立良好的护患关系

我首先要在全体护士中树立全新的服务理念，转变唯我独尊的思维模式，建立一切为病患服务，发自内心地为病患着想的服务理念。在全力配合医生做好治疗工作的同时，给予病患真心关爱，从点滴小事做起，时时处处为病患着想，建设温馨病房，使病患感受到家的温馨、感受到人间的真情，增强他们战胜病痛的信心和勇气。同时，我还要讲究交流方法，积极化解护患矛盾。我要主动诚恳地做深入细致的思想工作，做好沟通协调，解决病患的具体问题，理解护士因工作疲劳产生的怨气，不讲损害护士自尊心的话，为病患和护士创造和谐轻松的环境，营造充满爱的、和谐的护患关系。

第二，加强"三基"培训，打造高素质的护理队伍

护理人员的业务水平是决定护理质量高低的关键。为此，我将坚持不懈地抓好对全科室护士的业务培训工作，通过晨会提问、组织护理查房、进行操作演练等方式，反复进行基础护理知识、护理理论、基本护理技能的学习和训练，不断提高全科室护理人员的整体业务水平。做到护理工作程序化，技术操作标准化，以减少护士工作中的随机性和盲目性，并做好对重点病患的护理，指导护士制定个性化的护理计划，在临床实践中提高护士观察病情、心理护理、护理文件书写以及急救护理的能力。

第三，严以律己，宽以待人，建设和谐的工作秩序

作为护士长，我首先要以身作则，严格要求自己，以过硬的技术、博爱的心胸、体贴的服务为其他护士做好表率；另外还要树立换位思考意识，以豁达的态度处理好和同事之间的关系。对待护士我既要严格要求，又要同她们加强感情交流，结成知心朋友，让她们与我在一起时感到轻松、愉快、自然。此外，培养大家的集体荣誉感，融洽集体感情，构建一支和谐的团队，使大家身心愉悦地投入工作，全面提升我们科室的整体形象。

尊敬的各位领导、各位评委、同事们，病患是我最牵挂的亲人，护理工作是我至爱的事业。为了病患的早日康复，我愿团结和带领全体护理人员一道，用心、用爱、用微笑为病患的生命注入光芒和希望！请给我一个平台，我定能还大家一份精彩！

我的演讲完毕，谢谢大家！

若河点睛：

总体而言，这是一篇比较精彩的竞聘演讲稿。这篇演讲稿有以下优点值得大家借鉴：

首先，开场白非常巧妙。演讲者通过对自己名字的引申解释，点明了护理工作虽然普通平凡，但却伟大、美丽的实质，立意高远，开篇不俗。

其次，优势介绍比较饱满。演讲者先是看似信手拈来地指出自己在硬件条件上符合规定，然后，话锋一转，重点介绍了自己的竞聘优势，每一条都有比较详尽的事实做依托，饱满而厚重。

再次，工作思路非常清晰，从理念到实际，从全局到个人，阐述得非常有条理。

最后，结尾简洁而饱含感情，干脆利索，情真意切。

服务是金
——联社副主任竞聘演讲稿

尊敬的各位领导、各位评委、同志们：

大家上午好！

刚才几位同志慷慨陈词，带来了自己对联社工作的整体构想和真知灼见，非常激动人心。此时此刻，大家或许在想，现在站在台上的这个人又将带来些什么呢？今天，我只带来了两样东西：第一样，是一种精神，那就是自信！它是我做好工作的保证；第二样，是一种理念，那就是"服务是金"！这一理念曾引领无数企业持续壮大、蓬勃发展，相信它也必将开启我们联社工作新的辉煌！

为了便于大家对我有一个比较全面的了解，我先简单介绍一下自己的基本情况。我叫叶刚，树叶的"叶"，刚强的"刚"，今年34岁，中共党员，大本学历，经济师职称。在联社工作八年，今天来竞聘联社副主任一职。

今天我满怀信心地来参加竞聘，是经过综合权衡的，我认为自己能够胜任这一工作，因为我具有以下优势：

第一，我敬业乐业，具有良好的综合素质

我工作认真负责，勤勤恳恳，任劳任怨，肯于吃苦，敢于负责，具有比较强的执行力。同时，我年轻，思想比较活跃，接受新事物比较快，爱学习，爱思考，工作中注意发挥主观能动性，超前意识强，这有利于开拓工作新局面；虽然年轻，但我并不毛躁，相反，我办事稳妥，处世严谨，原则性较强，能够严格要求自己。我认为，这些都是做好联社领导工作所必备的素质。

第二，我熟悉农信工作，具有丰富的工作经验

"经验是一笔最宝贵的财富"，是做好工作的基础和前提。时光荏苒，屈指算来，我在农信系统已经工作了十多年。这期间，我从基层做起，一步步走来，积累了丰富的基层工作经验，既具有扎实的理论基础，熟悉国家农村金融政策和法律法规，又熟悉农信工作实际情况，在工作中能够独当一面，游刃有余。

第三，我善于管理，具有较强的工作能力

在工作中，我非常推崇而且注重实践管理界的一句名言——管理也是生产力。就我个人的情况来说，我有六年从事管理工作的经验。在工作中，我一直坚持严格规章制度，实行科学管理，向管理要效益，以管理促发展。特别是在担任咱们县信用社主任期间，我通过卓有成效的管理，使信用社各项工作都取得了很大发展，赢得了大家的一致好评。

尊敬的各位领导、各位评委、同志们，我深知，经验也好，成绩也罢，都已经属于过去。对于今天所竞聘的岗位，我更多感受到的是一份沉甸甸的责任。如果我能够得到大家的认可，走上联社副主任的工作岗位，我将更加严格要求自己、不负重托、不辱使命，以联社的持续发展为主线，以提升服务水准和经济效益为目标，强化管理，规范经营，脚踏实地地做好以下几方面的工作：

第一，摆正位置，处事讲原则

作为副主任，我首先要摆正自己的位置，积极主动配合主任做好联社的各项工作。要从工作大局出发，围绕联社的中心工作，真诚讲团结，讲奉献，主动拒功揽过，做好主任的助手。在工作中，既要克服"副"字当头的思想，积极主动地做好分管的工作，又要做到尽职，不越权；同时要做到补位不越位，同心同德，共谋联社发展。

第二，夯实基础工作，强化内部管理

我将一如既往地重视和强化管理，协助主任建立健全联社的各项管理制度，明确分工，划清职责，使各项工作有章可循，使全体员工明确各自的岗位职责，明确如何开展工作，如何完善工作中的不足，以提高工作质量；另外，我还要组织好全体员工学法、知法、懂法，增强自我约束、自我管理意识。从大处着眼，从小事做起，在严格管理上下功夫，一丝不苟，从严执纪，决不允许违规操作事件在我们联社发生。

第三，提升服务水准，树立信联社良好形象

一项研究资料显示，68%的企业失去客户，都是因为服务不好，可见服务对企业是多么重要，好的服务可以为企业带来忠诚的客户，带来利润，带来发展，所以说，服务是金。联社作为金融机构，讲的就是服务。我将结合本地实际和服务对象的特点，形成一个针对当地客户的服务体系。要严格操作规程，办好每一笔业务，规范各项服务，做好每一个细小环节，热心提供咨询，解答好客户的每一个提问，一心一意为客户着想，以饱满的精神状态提供优质高效的服务，以我们的一言一行树立起"农村信用社是农民的朋友"的良好形象。

第四，积极拓展市场，提升整体业绩水平

我将结合我省经济结构和模式，协助主任，扎实地做好信贷工作。一方面，要积极培养一批优秀合格的、具有较强职业道德修养和业务素质的信贷工作人员，激励他们积极"揽储"，提高储蓄存款量，使其成为我们提升业绩的主要渠道。另一方面，还要积极落实信用社服务"三农"的方针，紧紧围绕信联社"立足农村、服务农业、贴近农民"的服务宗旨，以小额信贷为主，加大贷款投放力度，培养基本客户群体。此外，我们还将充分利用我们贴近农村、直接与农民打交道这一优势，不断加强金融创新，逐步探索一些代售、代销、租赁、保管等中间业务，不断把中间业务这块蛋糕做大，提升我们的整体业绩水平。

第五，采取有效措施，严控金融风险

严控金融风险，要始终成为我们工作的重点内容之一。我要把风险监控工作做实、做细，尤其是要强化分类监控、品种监控、动态监控，提升监控的质量，做好科学准确的风险预警工作。实行"一案一策，落实到人"的管理机制，要及时发现风险隐患和风险动向，同时还要通过教育、约束等措施，防范道德性因素引发的不良贷款。

尊敬的各位领导、各位评委、同志们，"青年之字典，无'困难'之字；青年之口头，无'障碍'之语；惟知跃进，惟知雄飞……"今天我以年轻人的激情和豪迈郑重承诺："爱岗敬业，拼搏创新、奋勇向前！"请给我一次机会，我定能还大家一份精彩!

我的演讲完毕,谢谢大家!

若河点睛:

这篇竞聘演讲稿,开场白部分的处理有独到之处,值得朋友们学习、借鉴。众所周知,竞聘是多人参与、一人胜出的活动。如果在竞聘演讲中我们出场的顺序比较靠后,而且听众听了不少人的演讲后,已经略显疲惫,不那么专心专注了,在这种不利的情形下登台演讲的人如何给听众打上一针"兴奋剂"呢?"问"无疑是一个好方法。大家可以用心体会一下。

用爱托起明天的太阳
——阳光幼儿园园长竞聘演讲稿

尊敬的各位领导、各位评委、各位老师：

大家上午好！

说句实在话，想到今天要参加竞聘，我还真有点紧张。今天早晨四点多我就醒了，再也无法入睡。于是我来到窗前，看夜色渐渐淡去，看一轮红日喷薄而出。望着初升的朝阳，我的心中非常激动。我知道，孩子们就是明天的太阳，而我们幼儿教师就是托起太阳的人。为了这一神圣使命，此刻我站在这里，竞聘阳光幼儿园园长。

在座的都是老领导、老同事，对我都比较了解了。我1973年出生，大本学历，幼教一级教师，小学高级教师。在我身上，有三个非常显著的特点，我姑且把它们称为优势吧。

第一，有爱心，这是做好工作的前提

教师是人类灵魂的工程师，是阳光下最神圣的职业。我深深地热爱并忠诚于党的教育事业，同时我也深深地爱着天真无邪的孩子们。每当看到他们那清澈纯净的目光，听到他们那悦耳动听的笑声，我都深感作为一名教育工作者的不容推卸的责任，从而更坚定了自己做好工作的信念。

第二，有经验，这是做好工作的基础

参加工作以后，我的工作岗位曾多次变动。比如，我在附小当过音乐老师，在市直属幼儿园做过三年幼教工作，还在方舟小学做过校长助理、副校长，七年前来到咱们阳光幼儿园。令我欣慰的是，这些年来，无论工作岗位如何变动，我始终没有离开过孩子们，没有离开过教育战线。在这十多年的教育工作中，我更加了解了孩子们的生理、心理特点以及教育教学，积累了非常丰富的工作经验，这对我做好工作是大有裨益的。

第三，有能力，这是我做好工作的保证

平心而论，我的业务能力还是比较强的，我曾经多次获得"优秀教师""先进工作者"等荣誉称号。同时，校长助理、副校长以及咱们幼儿园副园长的工作经历，还锻炼提高了我的管理能力，使我能从全局高度，更加科学、更加有效地掌控幼儿园的各项工作，更好地调动老师们的工作积极性和主动性。而这些能力是我做好工作的保证。

有人说："一个好园长就是一所好幼儿园。"今天，如果承蒙大家的信任与支持，我竞聘成功，我将严格遵循幼儿教育规律，用爱贯穿整个教育工作的始终，循循善诱，使我们的幼教工作如丝丝春雨，"润物无声"。为此，我将在做好各项常规工作的基础上，着重抓好以下几方面的工作：

第一，加强师资队伍建设和管理

一流的幼儿园需要一流的教师队伍，名园要有名师支撑。所以，我要着力加强教师管理，既要重视规章制度对教师的约束作用，又要注重以人为本，实行人性化管理，要掌握好了解人、说服人、关心人、使用人的本领。我要努力开拓适合我们幼儿园管理特点的用人机制、竞争机制、激励机制、约束机制等，为广大教师创设一个有利于他们施展才华的环境，从根本上调动教师的积极性；同时我还要重视教师业务能力的培养与提高，通过在职进修、教学评比、参观学习等手段，不断促进教师提高业务水平，打造一支水平精湛的教师队伍。

第二，努力创办特色幼儿园

目前，我们阳光幼儿园办得是不错了，得到了很多家长的认可和好评。但是，这不是我们的最终目标，我们的目标是使阳光幼儿园成为市级一流幼儿园。所以，我们的幼儿园不能总停留在一个水平上，要保持常新常青，始终给人耳目一新的感觉，就必须办出自己的特色。六一、国庆等重要节日，举办新颖的联欢活动可以成为我们的特色，音乐、美术、体育等方面的教学尝试，也可以是我们的特色。总之，我们要开动脑筋，集思广益，打造自己的特色，更好地为幼儿和家长服务。

第三，搞好园内环境美化

孩子一天中的大部分时间是在幼儿园度过的。对孩子的美育教育，不应该只停留在书本上，而应该贯穿于整个教育活动的全过程。其中环境的影响不容忽视，整洁的环境，亮丽的色彩，可爱的卡通形象，以及小草、鲜花、绿树都是对孩子们进行美育的好教材。因此，我要进一步加强幼儿园的环境建设，努力为孩子们营造一个温馨、优美的环境。

另外，我还要注意督促、检查食堂工作。按照科学的标准，合理安排膳食，保证孩子们的充足营养，保证他们健康成长。

尊敬的各位领导、各位评委、各位老师，孩子是家庭的未来、民族的希望。为了给孩子们一个健康、快乐、幸福的童年，为了使祖国的幼苗茁壮成长，我愿团结和带领阳光幼儿园的全体教师，爱岗敬业，勤奋工作，用我们的爱托起明天的太阳！我坚信，在大家的支持和帮助下，我有能力使我们阳光幼儿园越办越好！

我的演讲完毕，谢谢大家！

若河点睛：

这篇演讲稿，最打动我们的地方是真诚、坦白。特别是在开场白部分，竞聘者上来就告诉大家，想到要竞聘自己有点紧张，睡不着，早早地就起来了。这段看似平淡的话，其"杀伤力"却是惊人的，因为，"感人心者，莫先乎情"，说真话的人，大家没有理由不喜欢！

另外，在这篇演讲稿中，演讲者把孩子们比作太阳，提出幼儿教育工作者要用爱托起明天的太阳，一个不爱孩子、不爱教育工作、不具备责任感的人，是断乎说不出这样饱含感情的语言的。这样的人不胜出，谁又能胜出呢？

安全科科长，非我莫属
—— 安全科科长竞聘演讲稿

尊敬的各位领导、各位评委、各位同事：

大家下午好！

首先自我介绍一下，我叫王可为，今年33岁，大专学历，中共党员，现任公司安全科科长一职，今天是原岗竞聘。此时此刻，我最想和大家说的一句话就是："安全科科长一职非我莫属！"这不是年少轻狂，更不是目中无人，而是我有绝对的自信来做好这份工作！

我为什么这样自信呢？熟悉我的人都知道，我有几个"毛病"，而这些"毛病"却是我自信的来源。

我的第一个"毛病"是——追求完美。

从走上工作岗位的那一天起，我就树立了一个坚定的信念——坦坦荡荡做人，认认真真做事。几年来，无论是在基层岗位，还是在管理岗位，我都能够做到干一行、爱一行、钻一行、精一行。无论是什么工作，我不干则已，要干就要做到最好，就必须要达到一流水平。按说追求完美是好事，但我们部门的员工都知道，我追求完美到了近乎偏执的程度，太过了。可正是这样一份执着，使得我和我带领的团队对工作精益求精，一丝不苟。我们安全科连续三年成为公司的优秀集体，多少也得益于我追求完美的"毛病"吧。

我的第二个"毛病"是——明察秋毫。

我担任安全科长已经有四年的时间了,四年的时间虽然不算太长,但是,对于一个部门负责人来说,足以洞悉、规范和驾驭部门的全部工作。在这四年中,我熟悉了安全管理工作的各个环节,牵头修订了公司安全工作的基础管理文件,完善了各项规章制度,并带领团队成员协助各项目部做好了施工过程中的安全管理工作,使安全生产可控、在控、能控水平不断提高,实现了在任职期间无事故。工作经验丰富,对工作"门儿清",明察秋毫,这正是部门负责人必须具备的素养。

我的第三个"毛病"是——蛮不讲理。

我当了四年的安全科科长,和科里的每一位员工都建立了非常深厚的感情。我太了解太熟悉我的团队了,就像熟悉自己手掌上的纹路一样。正因为熟悉,正因为了解,所以,我特别爱这个团队。俗话说:"爱之严,责之切。"所以,在工作中我会对我的团队成员要求非常严格,甚至会对他们发脾气,蛮不讲理。好在大家都非常理解我,不和我一般见识。工作上的不愉快,就像夏天的雷雨一样,来得快去得也快,雨过天晴之后,我们还是在一起看足球、侃大山的好兄弟。这种非常融洽的工作氛围铸就了我们科超强的凝聚力和战斗力。

尊敬的各位领导、各位评委、同事们,以上就是我最真实的写照——一个不完美却执着地追求完美的人。今天,如果承蒙大家的厚爱,我能够留任,我将把这三个"毛病"发扬光大,踏踏实实,不遗余力地做好以下四项工作:

第一，继续以"严"字当头带团队

作为部门的管理者，我要时刻把研究如何去做，如何做得更好作为自己的工作重点，以严格的管理提升部门的工作业绩，向管理要效益，以管理促发展。我要制定严格的规章制度，把本科的所有工作进行条分缕析的规定和说明，使工作更加细化。要使安全科的每一名员工都明确自己的职责是什么，自己要做哪些工作，要达到什么工作标准，完不成工作任务要承担什么样的责任，从而提高部门自动运转、良性运转、科学运转的水平。

第二，加强安全生产宣传教育，推进安全文化建设

咱们建筑企业，安全是根本，宣传安全是关键。我要进一步强化对员工的安全意识教育，做好企业安全生产法律法规特别是新修订、完善的安全生产法律法规、规章、规范性文件的宣传贯彻工作，增强从业人员的法律意识，营造安全生产的良好氛围。同时还要以组织开展"安全生产月"等活动为契机，使安全意识更加深入人心，树立"除人力不可抗拒的自然灾害外，通过努力，所有事故都可以预防，任何安全隐患都可以控制"的安全理念，树立"不规范就是不合格"的操作理念，引导大家在工作中自觉反"三违"，培植安全生产的企业文化。

第三，强化安全基础管理，落实管理责任制

我要进一步建立健全安全生产各项规章制度，并按照《安全生产法》《建设工程安全生产管理条例》等法律法规的规定，加大对规章制度的执行力度和对违章现象的惩处力度，把安全生产各项工作真正落实到位；我要加强施工现场的生产管理、技术管理，严格按照安全生产法规、标准和规范进行施工作业；我要建立健全施工现场事故应急预案，提高应急处置能力；同时我还要定期认真分析总结安全生产存在的问题和不足，制订解决方案，通过加强安全管理，确保年度安全目标的实现。

第四，加强学习，不断提高自己的业务能力

现在是知识经济社会，一个人如果没有知识，将很难在社会上立足。所以，我要继续严格要求自己，继续加强学习，及时补充最新的安全管理知识，通过持续不断的"充电"，拓展自己的知识面，开阔视野，提高业务能力、管理能力和政策把握能力，提高自身的业务水平，并争取在今年取得安全注册工程师资格证书。

尊敬的各位领导、各位评委、各位同事，"既然选择了远方，便只顾风雨兼程；既然目标是地平线，留给世界的只能是背影！"这就是我的信念和对工作的态度。我将用自己的实际行动去践行这一诺言，也由衷地希望大家给我这个机会，使我能够继续带领我的团队在追求完美的道路上走得更加精彩！

我的演讲完毕，谢谢大家！

若河点睛：

朋友们，这篇稿子是不是使我们眼前一亮呢？它是靠什么吸引我们的眼球呢？

第一，幽默。众所周知，竞聘演讲是偏严肃的演讲，一般人都不大敢在竞聘演讲中幽默。但这位竞聘者不仅用了，而且还用得非常好、非常妙。通过"我"有三个"毛病"的反话正说,把一个追求完美、经验丰富、富有亲和力和领导力的部门负责人的形象描摹得活灵活现。这样有血有肉的一个人,听众不注意他又会注意谁呢?

第二,自信。如果仅仅有幽默,那么,这篇稿子是不完美的。这篇稿子好就好在字里行间激荡着的自信。它没有以插科打诨的方式去刻意地彰显自己的与众不同,而是通过舍我其谁的绝对自信和风趣幽默的语言,把自己的优势阐述得淋漓尽致。

虽然这篇稿子不可避免地有一些瑕疵,比如工作思路部分有泛泛而谈的嫌疑,但是瑕不掩瑜,在演讲的前半部分,演讲者已经征服了听众。

态度决定一切

——电信客户经理竞聘演讲稿

尊敬的各位领导、各位评委、各位前辈：

大家下午好！

我叫吴彬，口天"吴"，彬彬有礼的"彬"，是应届本科毕业生，专业是计算机。我曾经听别人开玩笑说："世界上最小的经理是客户经理。"现在我要说，当好这个"小经理"，才能干好电信大事业，这也是我最坚定的信念！我会在它的激励下，勤勤恳恳、兢兢业业地做好客户经理工作，让自己的青春随电信事业的蓬勃发展激情飞扬！

虽然我在工作中是新手，没有太多的经验，但对客户经理这个岗位还是有一些粗浅的认识的。我知道，客户经理天天和客户打交道，一言一行都代表着公司的形象，客户经理的工作成果和公司的业绩也是息息相关的。要承担起这样一份沉甸甸的责任，客户经理就必须有良好的工作态度，多角度、全方位地为客户提供最优质的服务，千方百计赢得客户、赢得市场。今天，如果承蒙大家的信任和支持，我有幸走上客户经理的工作岗位，我将全力以赴做好以下工作：

第一，积极主动做好客户拜访工作

拜访客户，是客户经理的重点工作之一。通过拜访，可以使客户经理更好地发挥联络客户、掌握信息、培育品牌等作用，同时也可以使客户经理更加熟悉市场，积累更多的客户资源。我要将自己热爱事业、服务客户的赤诚之心贯穿于拜访客户的全过程，拜访前要有明确的目的性，拜访中要热情周到、以诚相待，拜访后要及时做好客户资料的整理和统计工作。通过与客户近距离地"亲密"接触，与他们建立起良好的关系，把工作做得更扎实、更全面。

第二，细分客户，持之以恒做好营销

对于客户，我要进行细致的划分，哪些是重点客户，哪些是一般客户要了如指掌。同时，还要针对不同客户对产品和服务的不同需求，做好差异化、个性化服务。更为重要的是，在服务客户和拓展市场的过程中，我有恒心、有毅力，不管遇到多么不好争取的客户，我都将锲而不舍地做工作，不达目的绝不罢休。因为，我深知，我们的工作并不是一次、两次就能有显著效果的，更多的是一种"滴水穿石"式的叠加效应。我不会被暂时的挫折所困扰，甚至产生犹豫和动摇，而会持之以恒地坚持下去，正所谓"不信东风唤不回"！

第三，加强学习，不断提高综合素质

客户经理的工作，是一项充满激情，同时又需要知识和智慧的工作。因此，我要加强学习，不断拓展自己的知识面，提升自己的语言表达和人际沟通能力。我对自己的要求是，无论遇到什么类型的客户，我都必须要迅速找到客户感兴趣的话题，并以此为切入点和客户进行深入地沟通交流，赢得客户。另外，我还要树立"没有执行就没有一切"的理念，养成雷厉风行的工作作风，以速度取胜，以创新争先，切实承担起自己的责任，使自己"赢在执行"，激情书写在中国电信精彩的开篇之作！

尊敬的各位领导、各位评委、各位前辈，面对浩瀚的蓝天，雄鹰选择了奋飞；面对汹涌的巨浪，水手选择了搏击；今天，面对蓬勃发展的电信事业，我选择了拼搏和投入！由衷地希望我能够成为大家的选择！

我的演讲完毕，谢谢大家！

若河点睛：

这是一名刚刚走上工作岗位的应届大学毕业生的竞聘演讲稿。毫无疑问，这样的一个新手，在经验、在能力、包括在对工作的熟悉程度上，都是没有什么优势可言的。但是，这位竞聘者没有因为自己的这些"欠缺"而自卑，而是以"态度决定一切"为核心和切入点，非常真诚而热切地表达了自己做好客户经理工作的强烈愿望和坚定信心，语言凝练有力，掷地有声，给听众留下了极为深刻的印象。新参加工作的朋友或者跨行业跨部门竞聘的朋友，不妨借鉴一下这种表达形式。

学员反馈

  四年前,在文若河老师的精心辅导下,我竞聘处长成功。过一段时间就要被下派到某个市担任行长。真的很感谢文老师,我生命中的贵人。这件事也让我认识到,对领导干部来说,演讲太重要了,我还要和文老师系统学习演讲。

——中国建设银行总行某处处长 王先生

  我是文老师北大演讲训练班上的学员,学完后,参加了市里某局科长的竞聘。我用文老师帮我修改的竞聘演讲稿,加上在课堂中学到的演讲技巧,竞聘中一举获胜。我的人生轨迹发生了重大变化,我从心里感谢文老师。

——山东省临沂市某局科长 马女士

  我是某著名外资企业的技术总监,业务能力很强,但因为不善表达,每次汇报工作都让副手去,结果副手得到提拔,我原地不动,感觉很冤。后来慕名到北大参加了文老师的演讲课，前不久我通过竞聘成为副总，这让我充分认识到，演讲真的可以改变命运。

——沃尔沃（中国）投资有限公司副总　王先生

文老师的文学底蕴太深厚了，我平淡的稿子在他的笔下变得激情四射，厚重而大气；文老师的演讲技巧太高超了，他给我做示范时，声音铿锵有力，富有节奏。最让我感动的是他的人品，他不仅熬夜免费给我修改了演讲稿，还饿着肚子多给我辅导了两个多小时。他说，你那么大老远飞过来，不容易。凭借一流的演讲稿，加上出色的现场表现，在众多竞争者中，我脱颖而出！那份感谢，我会记一辈子。

——中国人寿河北分公司副总　李先生

文若河老师的话

我感谢走进我生命里的每一位学员,我更珍惜这份缘分。很多学员发来感谢信。其实,我所做的工作微乎其微。竞聘成功与否,人生精彩不精彩,关键靠你的人品和个人实力。当然,你应该意识到,演讲能力是你个人实力的重要组成部分,有时会成为你的核心竞争力,所以,你必须学会演讲。

作者简介

文若河，著名演讲力训练专家，张嘴就来®演讲力训练机构创始人、首席讲师，北京大学、复旦大学、浙江大学、厦门大学等十余所知名高校EMBA班、总裁班特邀演讲力训练讲师，著有《关键时刻，一句话就够了：交际篇》《关键时刻，一句话就够了：三观篇》《关键时刻，一句话就够了：修养篇》《给你的声音美美容》《会说话，得天下》《竞聘演讲轻松过关》《我想要的口才指导——提升口才的"五个一百"》等口才专著。

文若河老师长期致力于公众演讲的理论研究和培训实践，建树颇多。他还原了演讲的实用性本质，构建了中国本土式口才训练体系——"口才树"理论，总结提炼出实用的演讲方法——"演讲一阳指"模板，并率先提出"演讲力"的概念以及"演讲力是职场人士核心竞争力"等重要论断，创设了职场人士以及企业总裁演讲力训练的经典课程，将演讲力训练引入科学、系统、实用的轨道。

文若河老师微信

文若河老师邮箱：wenruohe@126.com